O DISCIPULADO
NO NOVO TESTAMENTO

Paolo Mascilongo

O DISCIPULADO
NO NOVO TESTAMENTO

Reflexões bíblicas e espirituais

Dados Internacionais de Catalogação na Publicação (CIP)
(Câmara Brasileira do Livro, SP, Brasil)

> Mascilongo, Paolo
> O discipulado no Novo Testamento : reflexões bíblicas e espirituais / Paolo Mascilongo ;[tradução Anoar Jarbas Provenzi]. -- São Paulo : Paulinas, 2020. -- (Teologia Bíblica)
>
> Título original: Il discepolato nel nuovo testamento: riflessioni bibliche e spirituali
> ISBN 978-85-356-4577-4
>
> 1. Bíblia N.T. - Crítica e interpretação 2. Discipulado (Cristianismo) 3. Vida cristã I. Título. II. Série.
>
> 19-30851 CDD-225.6

Índice para catálogo sistemático:

1. Novo Testamento : Bíblia : Interpretação e crítica 225.6

Cibele Maria Dias - Bibliotecária - CRB-8/9427

Título original da obra: *Il discepolato nel nuovo testamento: riflessioni bibliche e spirituali*
© Edizioni San Paolo s.r.l. – Cinisello Balsamo (MI), 2013.

Foto de capa: Vitral ilustrado de histórias da Bíblia em Catedral de Edimburgo, Escócia, Reino Unido St. Giles. – Foto de Photoprofi30@/depositphotos

1ª edição – 2020

Direção-geral: *Flávia Reginatto*
Editora responsável: *Vera Ivanise Bombonatto*
Tradução: *Anoar Jarbas Provenzi*
Coordenação de revisão: *Marina Mendonça*
Revisão: *Sandra Sinzato*
Gerente de produção: *Felício Calegaro Neto*
Produção de arte: *Tiago Filu*

Nenhuma parte desta obra poderá ser reproduzida ou transmitida por qualquer forma e/ou quaisquer meios (eletrônico ou mecânico, incluindo fotocópia e gravação) ou arquivada em qualquer sistema ou banco de dados sem permissão escrita da Editora. Direitos reservados.

Paulinas

Rua Dona Inácia Uchoa, 62
04110-020 – São Paulo – SP (Brasil)
Tel.: (11) 2125-3500
http://www.paulinas.com.br – editora@paulinas.com.br
Telemarketing e SAC: 0800-7010081

© Pia Sociedade Filhas de São Paulo – São Paulo, 2020

SUMÁRIO

Introdução 9
Um tema complexo e variado 9
Prioridade à Escritura 10
A organização da obra 12
O termo "discípulo" e suas raízes 13
Discípulos, Doze, apóstolos 17
Dos discípulos de Jesus aos cristãos na Igreja:
continuidade ou diferença? 22

PRIMEIRA PARTE

O DISCIPULADO NAS NARRATIVAS
DO NOVO TESTAMENTO (EVANGELHOS E ATOS)

I. O Evangelho segundo Marcos 29
   Marcos: uma narrativa 29
   O caminho dos discípulos e de Jesus em Marcos 31
   Os discípulos como personagens narrativas 52

II. O Evangelho segundo Mateus 55
   Os discípulos no Evangelho segundo Mateus 55
   O discipulado no ensinamento de Jesus em Mateus 68

III. A narrativa de Lucas (Lucas-Atos) 75
   O Evangelho segundo Lucas 75

    Os Atos dos Apóstolos 87
    Lucas-Atos: considerações conclusivas 97
IV. O Evangelho segundo João 101
    Os discípulos na narrativa joanina 101
    Figuras do discipulado em João 108
    Os temas próprios do discipulado joanino 112
V. Conclusão 119

SEGUNDA PARTE

O DISCIPULADO NOS TEXTOS NÃO NARRATIVOS DO NOVO TESTAMENTO

I. As Cartas de Paulo 123
    Carta aos Romanos 124
    Cartas aos Coríntios 129
    Carta aos Gálatas 134
    Carta aos Efésios 138
    Carta aos Filipenses 140
    Carta aos Colossenses 143
    Cartas aos Tessalonicenses 146
    Cartas Pastorais 149
    Carta aos Hebreus 151
II. As Cartas Católicas e o Apocalipse 155
    Carta de Tiago 155
    Carta de Pedro 157

Primeira Carta de João 160

Apocalipse 163

Conclusão 169

TERCEIRA PARTE

LINHAS ESSENCIAIS DO DISCIPULADO CRISTÃO À LUZ DO NOVO TESTAMENTO

I. O discipulado cristão é discipulado "de Jesus" 173

    A iniciativa de Jesus no chamado e o compromisso do homem na resposta 173

    Seguir Jesus 175

    Serviço e amizade 177

    Um destino compartilhado 178

    Uma característica permanente do cristão 180

II. As condições do discipulado 183

    A conversão 184

    A fé 185

    Um apelo urgente e radical 187

    A liberdade das riquezas 189

III. A vida nova do discípulo 191

    Uma proposta para todos 192

    Um caso particular: as mulheres discípulas 193

    Súditos do Reino 195

    Fraternidade e comunhão 197

O amor 199
O Espírito Santo 200
IV. A missão do discípulo 203
A missão dos Doze 203
Um aprofundamento: o papel de Pedro 205
Os destinatários da missão dos discípulos ... 209
Uma missão que continua 212

Conclusão 215

Referências bibliográficas 219

Índice remissivo 225

INTRODUÇÃO

O que significa e o que implica ser discípulo de Jesus Cristo, segundo o Novo Testamento? Como são descritos o nascimento e o desenvolvimento do discipulado cristão? Que orientações podem ser dadas à vida cristã? O presente livro é uma tentativa de responder a essas perguntas, inevitáveis para todo cristão, em todos os tempos. Há algo melhor que redescobrir a resposta na experiência original descrita pelos autores neotestamentários? A tarefa, à primeira vista, parece relativamente simples: não é difícil de separar páginas que, do Evangelho segundo Mateus até o Apocalipse, destacam a temática "ser discípulo de Jesus". Aliás, todo o Novo Testamento poderia ser definido como o resultado da ação e da obra dos discípulos, que são seus autores. Não parece sequer necessário insistir na necessidade de descrever o discipulado "à luz do Novo Testamento". Mas à luz de quê, senão desses livros, se poderia falar do discipulado cristão?

Um tema complexo e variado

Bem cedo, todavia, o tema se mostra mais vasto e complexo. De um lado, o Novo Testamento é um conjunto de textos muito diferentes entre si: uma coisa é analisar um Evangelho, texto narrativo; outra, bem diferente, é abordar uma Carta, repleta de reflexões teológicas e exortações que nem sempre seguem um plano rigoroso. Desejando abordar todo o Novo Testamento, tive necessariamente de enfrentar o problema dos métodos de leitura a utilizar. Além disso, o modo de falar do discipulado varia consideravelmente de livro para livro. Alguns livros do Novo Testamento, aliás, não falam de fato de discipulado nem utilizam a palavra *discípulos*. Foi necessário, assim, descobrir como o tema era descrito em cada ocasião, texto por texto, num percurso cansativo, mas fascinante. Precisei também escolher, entre os tantos textos possíveis, os mais adequados e delimitar com precisão o assunto: sobre o discipulado, o Novo Testamento fala de tantos modos, que é necessário prestar a máxima atenção ao separar as páginas que deverão fazer parte do estudo. Com frequência, tive de abrir mão (especialmente no epistolário paulino) de páginas interessantes e profundas, para dar espaço à apresentação do maior número possível de livros. O quadro resultante é variegado: o Novo Testamento oferece perspectivas diversas, que se iluminam e completam. O presente livro quer favorecer o contato com a riqueza da reflexão dos autores neotestamentários sobre o tema do discipulado.

Prioridade à Escritura

Um elemento sempre se manteve claro durante o percurso: o desejo de escutar o Novo Testamento em sua variedade, complexidade e riqueza, sem antepor nenhum esquema ou ideia à leitura direta dos textos. Terei oportunidade, mais adiante, de evidenciar as consequências dessa escolha, a qual, por sua importância, gostaria que estivesse presente desde o início: a maior parte do presente livro é dedicada a "folhear" as páginas do Novo Testamento uma após a outra, deixando-se guiar por aquilo que elas propõem e afirmam sobre o discipulado. Basta sobrevoar o sumário para perceber o quanto essa escolha influenciou, em qualidade e quantidade, a organização do trabalho. Esta deriva de uma convicção pessoal, confirmada pelos estudos efetuados e pela experiência didática e pastoral: quanto mais o estudo da Escritura é fiel ao texto e mantém-se a seu serviço, maiores são sua eficácia e profundidade. E, quanto mais o anúncio cristão estiver ancorado na experiência original descrita na Escritura, mais será capaz, inclusive hoje, de fascinar e atingir intimamente quem dele se aproximar sem preconceito. Por esse motivo, o livro tentará unir o rigor da exegese, a facilidade de leitura e a máxima proximidade possível aos textos. Os leitores julgarão o sucesso ou não da empreitada; quanto a mim, sacrifiquei intencionalmente, onde necessário, a amplitude das análises e das argumentações para tentar facilitar, ao leitor, a aproximação a um amplo leque de páginas dos Evangelhos e das Cartas.

Assim, o livro pode se tornar um guia de leitura do Novo Testamento; é bom que seja lido sempre na companhia da Bíblia pessoal, consultando as constantes passagens bíblicas citadas. Evitei ao máximo tomar o lugar das páginas bíblicas; estou convencido de que, percorrendo os vários livros do Novo Testamento, qualquer leitor poderá identificar as linhas mestras traçadas sobre o tema do discipulado e descobrir pessoalmente o frescor e a atualidade do ensinamento do Novo Testamento sobre o seguimento de Jesus, o Senhor e Mestre. Meu objetivo foi identificar um percurso dentro dos vários livros, indicando os passos principais do caminho.

A organização da obra

Pensei em subdividir o livro em três partes; as primeiras duas são uma ampla apresentação dos textos do Novo Testamento mais pertinentes ao discipulado; a terceira, mais breve, é uma síntese organizada dos principais resultados alcançados.

A maior parte do livro, portanto, é dedicada diretamente à leitura do Novo Testamento: sobretudo suas *narrativas* (primeira parte); em segundo lugar, os textos não narrativos (segunda parte). A escolha de dar maior espaço à análise dos textos é intencional e, espero, bem fundada. Embora, na teoria, esteja claro que somente a partir dos textos pode-se iniciar uma reflexão mais "sistemática", não creio que seja possível abrir mão de um contato mais íntimo com as páginas da Escritura, inclusive para os católicos, para os quais esta última representa o cânone (o principal critério de julgamento) da experiência de fé. Além disso, estou convencido de que nenhum conhecimento de segunda mão possa substituir a abordagem direta da página bíblica, na qual saboreamos o frescor dos primeiros testemunhos e encontramos a fonte do pensamento teológico. Nas primeiras duas partes do livro, portanto, procurei favorecer o máximo possível a aproximação ao texto, na tentativa de fornecer ao leitor o "material bruto", como se diz, com o qual construir uma compreensão pessoal do discipulado, antes de apresentar um esboço de projeto completo, na terceira parte.

A subdivisão da análise dos textos em duas partes é justificada por questões de método: é diferente a abordagem dos textos narrativos (os Evangelhos e os Atos) quando comparada à abordagem dos textos não narrativos (as Cartas; para o Apocalipse – ainda que inserido na segunda parte – fez-se um discurso à parte). Embora se trate de uma distinção apenas aproximativa (os Evangelhos contêm seções não narrativas, e as Cartas contêm seções narrativas), ela me permitiu privilegiar, para os textos da primeira parte, a utilização de métodos de crítica literária, seguindo as mais recentes linhas da exegese; em particular, o capítulo dedicado a Marcos não é outra coisa senão uma longa leitura narrativa do Evangelho, complementada por brevíssimas reflexões conclusivas. Na segunda parte, por sua vez, a escolha do método foi menos decisiva. Tratou-se, sobretudo, de escolher, em meio à grande quantidade de material à disposição, trechos e seções de Carta que pareciam mais adaptados ao tema. Também neste último caso, mesmo reduzindo consideravelmente a quantidade de material analisado, procurei deixar os próprios textos falarem.

O termo "discípulo" e suas raízes

Voltando ao tema, já se falou sobre a complexidade da ideia de discipulado, mesmo limitando o estudo ao Novo Testamento. Por esse motivo, considero necessário fazer desde já alguns esclarecimentos, ligados em particular à linguagem que encontraremos, e algumas reflexões de tipo histórico.

A expressão "discípulos de Jesus" soa com certeza familiar ao leitor cristão, que julga ser fácil de identificar nos Evangelhos as pessoas assim chamadas. Todavia, o Novo Testamento utiliza inúmeros outros vocábulos (*Doze, apóstolos, irmãos, cristãos* etc.) para indicar os seguidores de Jesus. Como assim? Quais são as diferenças? Para responder a essas perguntas, creio que seja bom iniciar com um breve panorama (de tipo, sobretudo, linguístico) orientador da questão.[1] Em primeiro lugar, direcionaremos o olhar para as expressões usadas, partindo da mais difundida, "discípulo".

Discípulo traduz em português um vocabulário grego específico, utilizado amplamente no Novo Testamento, embora somente nos Evangelhos e nos Atos.[2] Trata-se do termo *mathētés* (normalmente, no plural: *mathētái*). Literalmente, significa "aquele que aprende", "aluno", e deriva do verbo grego *manthánō* ("aprender"). O uso muito amplo não deixa dúvidas de que esse seja o termo privilegiado para indicar os seguidores de Jesus. Trata-se, todavia, de um vocábulo "novo" no panorama bíblico fora do Novo Testamento. *Mathētés*, de fato, jamais aparece na tradução grega do Antigo Testamento (a chamada *Bíblia dos Setenta* ou *Septuaginta*) e mesmo os vocábulos equivalentes em hebraico (*talmîd* e *limmûd*, derivados do verbo hebraico *lāmad*, "aprender") aparecem com extrema raridade: o primeiro é usado somente uma vez no Antigo Testamento (1Cr 25,8), o segundo somente seis, sempre nos profetas,

---

[1] Existem ótimas abordagens do assunto. Em particular, refiro-me a: J. D. G. Dunn, *Gli albori del cristianesimo. I. La memoria di Gesù. 2. La missione di Gesù*, Paideia, Brescia 2006; J. P. Meier, *Un ebreo marginale. Ripensare il Gesù storico. III. Compagni e antagonisti*, Queriniana, Brescia 2003. Boas sínteses em S. Grasso, "Le varie forme di discepolato accanto a Gesù e nelle comunità delle origini", *Parola Spirito e Vita* 61, 2010, 93-114, e R. Penna, *Le prime comunità cristiane. Persone, tempi, luoghi, credenze*, Carocci, Roma 2011, 38-39.

[2] O vocábulo (grego) aparece com esta frequência: Mateus 73 vezes; Marcos 46; Lucas 37; João 78; Atos 28. Não aparece em outros lugares. Dados em Meier, *Un ebreo. III*, 49. Na grande maioria dos casos, refere-se aos discípulos de Jesus.

e com um sentido mais amplo.³ Para compreender o significado do termo "discípulo", o contexto bíblico não é de grande ajuda.

Os autores do Novo Testamento, todavia, não "inventaram" essa palavra, porque *mathētés* era amplamente utilizada no mundo grego clássico e helenístico. É um vocábulo utilizado por Platão, Aristóteles e muitos outros autores gregos, seja no sentido original ligado ao verbo "aprender", seja no sentido mais técnico para indicar os "seguidores" de uma doutrina ou de um mestre. Essa mudança gradativa de significado foi-se acentuando no mundo helenístico até o tempo do Novo Testamento, favorecendo o uso por parte dos evangelistas, para os quais a expressão não tem tanto o significado genérico de "aluno", e sim o mais específico de "seguidor".

Além disso, não podemos nos prender somente ao uso da palavra "discípulos" para identificar o fenômeno do discipulado. No Novo Testamento, o discipulado está frequentemente ligado às expressões "seguir" e "ir atrás". Os primeiros seguidores de Jesus segundo os sinóticos (Simão, André, Tiago e João) são descritos como quem segue (literalmente: "vai atrás de"⁴) Jesus (Mc 1,16-20 e paralelos), e somente em seguida são chamados de discípulos (em Marcos, a partir de Mc 2,15). É, portanto, necessário ampliar a análise dessa expressão; reconheceremos,

---

3 Além do clássico artigo de K. H. Rengstorf, *"mathētés"*, *Grande Lessico del Nuovo Testamento* VI, 1121-1235, encontrei uma ampla discussão atualizada em M. J. Wilkins, *Discipleship in the Ancient World and Matthew's Gospel*, Baker Book House, Grand Rapids 1995.

4 Em grego, utiliza-se a expressão *opísō* ("atrás de") e o verbo *akolythéō* ("seguir"); são vocábulos menos específicos, que podem ser utilizados também para indicar o seguimento de quem não é discípulo (cf. Meier, *Un ebreo. III*, 27-31).

assim, que o fenômeno do seguimento não estava ausente no Antigo Testamento. Conforme os estudiosos afirmam, há uma estreita ligação entre o chamado dos primeiros discípulos e o que é narrado em alguns livros bíblicos. O paralelo, inclusive linguístico, mais estreito é com o episódio de Eliseu e Elias (cf. 1Rs 19,19-21), onde se afirma que Eliseu "foi atrás" do profeta Elias, de quem se põe a serviço e se torna poderoso sucessor.[5] Desse modo, o fenômeno do discipulado tem suas raízes também no mundo veterotestamentário, onde não era incomum que fossem mostrados personagens proféticos cercados e acompanhados por verdadeiros seguidores, semelhantes por analogia aos discípulos de Jesus.[6]

Em síntese, a expressão *mathētái* é tomada não tanto do mundo bíblico ou rabínico, mas mais do helenístico, onde se pode reconhecer uma forma de discipulado análoga àquela descrita nos Evangelhos, mas o fenômeno do discipulado no Novo Testamento em si não está distante sequer do Antigo Testamento, em particular através do uso da expressão "ir atrás" e do modelo profético.

---

[5] Veja-se, por exemplo, M. Hengel, *Sequela e Carisma. Studio esegetico e di storia delle religioni su Mt 8,21s. e la chiamata di Gesù alla sequela*, Paideia, Brescia 1990, 37-40.

[6] Frequentemente se fez a comparação – quanto ao Novo Testamento – com o discipulado hebraico rabínico. Isso, segundo os estudiosos, não está totalmente correto: primeiramente porque o rabinismo é um fenômeno posterior (ainda que de pouco) à época de Jesus, e depois por causa da presença de numerosos elementos de diferença. Boa síntese em M. Pesce, "Discepolato gesuano e discepolato rabbinico. Problemi e prospettive della comparazione", *Aufstieg und Niedergang der römischen Welt*, vol. II.25/1, 1982, 351-389; ele conclui que "a diferença entre discipulado rabínico e jesuano depende [...] antes de tudo da substancial diferença de Jesus com relação aos sábios" (382).

Discípulos, Doze, apóstolos

Esclarecida, pelo menos em parte, a origem do termo *discípulos*, é possível perguntar-se sobre sua relação com outros vocábulos utilizados no Novo Testamento para indicar os seguidores de Jesus, em particular *Doze* e *apóstolos*. Também nesse caso, dada a complexidade da situação, é possível fornecer somente algumas indicações úteis a uma primeira orientação, deixando aos estudos já citados os necessários aprofundamentos. Mesmo não sendo raro que discípulos, Doze e apóstolos sejam considerados sinônimos, isso acontece somente em um primeiro e superficial olhar; a situação é muito mais fluida, e é possível identificar diferentes círculos de seguidores de Jesus.[7]

Os Evangelhos identificam um círculo mais interno e próximo a Jesus – que naturalmente é colocado no centro! – nomeando esse grupo com a expressão técnica "os Doze" e fornecendo os nomes de cada um deles em um episódio de chamado; o grupo aparece em todos os Evangelhos. Ainda mais no centro, são, às vezes, isolados Pedro, Tiago, João (e André), formando um círculo restrito (ver, por exemplo, Mc 1,16-20.29; 5,37; 9,2; 13,3; 14,33). Com certeza, os Doze não eram, porém, os únicos seguidores do Senhor e, quando os Evangelhos empregam a expressão "discípulos", tem-se a impressão de que não se referem exclusivamente a eles, como veremos em detalhe. É, portanto, possível falar de um segundo círculo, mais amplo, de seguidores, identificado quase sempre com o nome de "discípulos", vocábulo que, junto com os demais, se tornará comum para os seguidores de Jesus no livro dos Atos. Um pouco mais para fora,

---

[7] Penna, *Comunità*, 37, identifica "a multidão, os discípulos, os Doze".

de modo que não é mais possível falar de "seguidores" em sentido estrito, os Evangelhos colocam a "multidão" de pessoas que de maneira esporádica se aproximam de Jesus, em geral de modo anônimo, quando não hostil. Dentro dela, porém, se destacam figuras significativas, que podem assumir os traços do seguimento e do discipulado: por exemplo, Marcos afirma que o cego Bartimeu (cf. Mc 10,46-52) "seguia [Jesus] pelo caminho".

Dentro desse quadro geral, é necessário recolher agora as sutilezas: nem todos os evangelistas, de fato, tratam do mesmo modo os discípulos e os Doze; resta, portanto, esclarecer o papel do termo "apóstolos".[8]

Quanto a discípulos e Doze, somente o Evangelho segundo Mateus poderia dar a entender uma sobreposição dos dois grupos; ele é o único evangelista a utilizar a expressão "doze discípulos" (Mt 10,1; 11,1; 20,17). Além disso, comparando alguns episódios narrados também em Marcos, nota-se que Mateus evita nomear outros discípulos de Jesus que não façam parte dos Doze: em Mt 9,9, por exemplo, ele utiliza o nome *Mateus* (que é um dos Doze) para indicar o publicano chamado por Marcos e Lucas com o nome de *Levi* (portanto, um discípulo de Jesus que não é dos Doze). Ainda, Mateus narra o chamado dos Doze de modo diferente de Marcos (cf. Mt 10,1-4 e Mc 3,13-19),

---

[8] "Em primeiro lugar, deve-se destacar a grande disparidade existente entre os evangelhos", afirma J. Schlosser, *Il gruppo dei Dodici*, San Paolo, Cinisello Balsamo 2013, 31. Há uma abordagem exaustiva e detalhada em Meier, *Un ebreo. III*, 128-197; ver também K. Stock, "I discepoli nel vangelo di San Marco", in: L. Cilia (ed.), *Marco e il suo vangelo. Atti del convegno internazionale di studi "Il vangelo di Marco" Venezia, 30-31 maggio 1995*, San Paolo, Cinisello Balsamo 1997, 17-32.

evitando a impressão de que o grupo tenha sido escolhido dentro de um círculo mais numeroso de discípulos.

Marcos, em vez, dá a impressão de que em torno de Jesus havia muitos seguidores, chamados discípulos, e que os Doze formavam um grupo escolhido e particular. Pode-se exemplificar o discurso utilizando o belo episódio narrado em Mc 3,13-19, útil por sua clareza. Jesus já havia chamado algumas pessoas para o seguirem (Simão, André, Tiago, João, Levi) e já havia reunido alguns discípulos (cf. Mc 2,13-17; 2,18.23; 3,7). Nesse momento, narra-se que "desceu do monte, chamou para si aqueles que desejava, e eles foram com ele. Formou um grupo de Doze – que chamou de apóstolos –, para que ficassem com ele e para mandá-los pregar com o poder de expulsar os demônios" (Mc 3,13-15). A primeira impressão é de que Jesus, tendo à disposição um grande círculo de seguidores, dele separou e escolheu doze. Para que finalidade? O grupo dos Doze é chamado a "ficar com ele", a "pregar" e a "ter o poder de expulsar os demônios". Ou seja, os Doze não são os únicos discípulos de Jesus, mas têm um papel bem definido, pelo menos segundo Marcos. O Evangelho segundo João tem um posicionamento semelhante ao de Marcos; fala tanto dos discípulos, quanto do grupo dos Doze, mas não concorda com a identificação (ver, por exemplo, Jo 6,66-67), ainda que com frequência os dois termos sejam intercambiáveis.

Um caso diferente é representado por Lucas, que nos permite analisar brevemente inclusive a utilização do termo *apóstolos*.[9] O terceiro evangelista, de fato, de um lado evidencia

---

[9] G. Leonardi, "'I Dodici' e 'gli apostoli' nei vangeli sinottici e Atti. Problemi e prospettive", *Studia Patavina* 42 (1995) 163-195.

a existência de um amplo número de *discípulos* e os aproxima da imagem específica dos *Doze* (por exemplo, enviando setenta e dois em missão, como descrito em Lc 10,1-20); do outro, Lucas se distingue porque identifica de modo quase unívoco os Doze com os Apóstolos. Este importante termo para o cristianismo nascente, cujo uso tornou-se habitual para a Igreja até nossos dias, é quase exclusivo do evangelista Lucas, e a ele devemos a identificação do grupo dos *doze Apóstolos*.[10] De fato, em Marcos o termo *apóstolo* é muito raro (nós o lemos, mas não em todos os manuscritos antigos, em 3,13, como já visto; e depois em 6,30, onde se narra o *envio* dos Doze – *apóstolo* significa *enviado*). Em Mateus, o termo aparece apenas uma vez, em Mt 10,2, passagem paralela a Mc 6,30. Em João está ausente![11] Lucas, em vez, fala com frequência dos *Doze* como *apóstolos*, seja no Evangelho, seja nos Atos, conforme demonstram Lc 6,13; 9,1.10 e At 1,12-26. Essa posição, provável sintoma de um desenvolvimento da terminologia com relação à mais primitiva,[12] se encontra também em outros lugares, como em Ap 21,1, onde os *doze Apóstolos* voltam. Também o termo *apóstolo*, todavia, apresenta uma história complexa, porque, seja nos Atos (ainda que raramente) seja nas cartas de Paulo, são chamados assim inclusive outros seguidores de Jesus não pertencentes ao grupo dos Doze (ver, por exemplo, At 14,14 ou Rm 1,1).

O mundo dos seguidores de Jesus é, portanto, extremamente variado, ao menos do ponto de vista da terminologia.

---

[10] Cf. Meier, *Un ebreo. III*, 133: "A estreita ligação, quando não a total identificação, entre os doze e os apóstolos no pensamento cristão posterior é devida principalmente à teologia de Lucas".

[11] Jo 13,16 não pode se referir ao grupo dos apóstolos de Jesus de modo direto.

[12] Cf. Schlosser, *Il gruppo dei Dodici*, 15-19, que encontra em 1Cor 15,5 o uso mais antigo do "apóstolos" ainda diferente dos Doze.

Ao tratar do discipulado, levarei em conta as figuras delineadas neste breve panorama, buscando constantemente recolher suas nuanças. Como conclusão, gostaria de citar uma passagem tirada da obra de Dunn já utilizada que retoma com clareza as considerações feitas até aqui:

> O círculo mais interno parece ter sido o dos doze; Pedro, Tiago e seu irmão João formavam o núcleo desse primeiro círculo, com Pedro como porta-voz principal. Mas viu-se como em torno dos doze havia um círculo mais amplo de seguidores, e entre estes as mulheres que seguiam Jesus em seus deslocamentos (Maria de Mágdala e as demais) e as mulheres que ficavam em casa (Maria de Betânia); as duas Marias estavam evidentemente entre os companheiros mais estimados de Jesus. Dever-se-ia identificar, talvez, outro círculo formado por aqueles que seguiam Jesus em segredo, como o proprietário do cenáculo e José de Arimateia? Mas, então, dever-se-ia acrescentar também aqueles que escutaram Jesus com alegria (Mc 3,35) e buscaram viver segundo seus ensinamentos (Mt 7,24-25), aqueles que Jesus curou (Mc 10,52), aqueles que se converteram, tornando-se como crianças (Mt 18,3), os pobres que acreditaram (Lc 6,20), os pecadores que se arrependeram (Lc 18,13-14; 19,1-10), os gentios que manifestaram uma fé que dificilmente Jesus encontrou em outro lugar (Mt 8,10) e também, segundo Lucas, os fariseus simpatizantes (Lc 7,36; 11,37; 14,1). O que é único em círculos semelhantes de discípulos é o modo como se sobrepõem e se entrelaçam, impedindo ao leitor dos evangelhos de traçar uma clara e rápida distinção entre discípulos e seguidores ou de reconhecer graus diferentes de discipulado.[13]

---

[13] Dunn, *Gli albori del cristianesimo*. I/2, 579-580.

Dos discípulos de Jesus aos cristãos na Igreja: continuidade ou diferença?

As pontuações sobre os principais termos utilizados pelo Novo Testamento para indicar os seguidores de Jesus têm colocado em destaque uma característica importante do estudo dos primeiros documentos cristãos: a necessidade de levar em consideração o livro específico em que o termo aparece, para compreender de modo exato seu significado. Cada evangelista ou autor do Novo Testamento, de fato, tem um vocabulário próprio e pode nuançar de modo diferente expressões iguais.

Aprofundando essa observação, parece-me necessário dedicar algumas linhas a uma última problemática. Em resumo, poder-se-ia formular com a seguinte pergunta: em que medida é possível utilizar a descrição dos seguidores de Jesus presente nos Evangelhos para compreender o discipulado do período posterior à ressurreição? Ou seja, existe ao menos uma continuidade entre o que é narrado sobre Jesus e seus discípulos antes e depois da ressurreição?[14]

Como bem sabem aqueles que conhecem a pesquisa exegética recente, grande parte dos estudiosos dos últimos séculos questionou a continuidade tranquila entre o que o Jesus terreno fez e o que foi expresso pelo cristianismo no período após sua ressurreição (o período do Senhor ressuscitado). O nascimento do Novo Testamento não permite simplificações fáceis: todos os livros veem a luz após a

---

[14] Obviamente, trata-se de uma problemática de tipo histórico, suscitada pelos estudiosos. No Novo Testamento conforme o lemos, de fato, a continuidade é amplamente descrita (basta pensar na passagem entre Evangelho e Atos, onde aparecem os mesmos Onze, antes e depois da ressurreição).

ressurreição e sofrem influência (inclusive os Evangelhos, que narram o que acontece antes) dessa origem após a Páscoa. Além disso, a intenção dos livros do Novo Testamento é, sobretudo, teológica; por isso, devem ser utilizados como fontes históricas com certa cautela; por exemplo, os Atos não narram tudo o que aconteceu durante aqueles anos na Igreja, e a visão teológica de Lucas impõe-lhes alguns esquemas simplificadores. O mesmo pode-se dizer das narrativas evangélicas, que destacam e escolhem as diferentes tradições sobre Jesus provenientes da pregação apostólica à luz da fé dos autores e com intenção de anúncio (cf. *Dei Verbum* 19).

O que implica isso para nosso tema? Simplificando ao máximo, pode-se perguntar se as descrições dos discípulos nos Evangelhos, ou da comunidade nos Atos, correspondem a situações reais ou foram modificadas (em sentido teológico) pelos autores dos textos. Os discípulos de que fala Marcos, por exemplo, não poderiam espelhar mais a situação da época e da comunidade de Marcos, e não a dos verdadeiros seguidores de Jesus? Por tabela, emerge uma segunda questão, sobre o nascimento da Igreja: antes ou depois da ressurreição? Por que, por exemplo, somente o Evangelho segundo Mateus utiliza a expressão *Igreja*, se todos os Evangelhos falam dos discípulos e dos Doze? Como se pergunta R. Penna: "Jesus quer fundar uma/a *ekklēsía*?".[15] Essa questão seduziu toda a pesquisa recente, com contraposições e polêmicas, embora os últimos

---

[15] Penna, *Comunità*, 42; Dunn, *Gli albori del cristianesimo*. I/2, 647, se pergunta algo muito semelhante: "Jesus tentou fundar uma Igreja?", ainda que se adiante em dizer que, apresentada assim, essa pergunta não faz sentido.

estudos estejam comprovando – parece-me – sua posição mais ponderada.[16]

As respostas que emergem desses trabalhos, aos quais se faz remissão em razão da necessária argumentação, comprovam cada vez mais o reconhecimento de uma real continuidade entre o ensinamento de Jesus e a vida da Igreja primitiva. Segundo J. P. Meier, representante da pesquisa histórica, "existem muitas ligações para negar qualquer ligação entre o ministério de Jesus e o nascimento da igreja primitiva".[17] Também o estudioso alemão K. Berger, após ter definido como "outra fábula científica [...] a tese de que no tempo de Jesus não circulavam discursos e reflexões sobre a igreja e a comunidade, [porque] todos os evangelhos falam a seu modo também da comunidade que Jesus quis e fundou",[18] afirma:

> Jesus falou das duas coisas: da missão universal (portanto, do "reino de Deus"), como também da comunidade de seus discípulos. Essas duas coisas não estão, assim, localizadas respectivamente no tempo "antes da Páscoa" e "depois da Páscoa". É claro que os evangelhos sinóticos estão voltados de forma mais intensa para a perspectiva universal, enquanto Paulo mais fortemente para a comunidade. Mas ocupar-se da comunidade não significa trair a mensagem do reino de

---

[16] Sobre o tema, obviamente, a bibliografia é imensa. Além dos trabalhos já citados de Dunn e Meier, sínteses úteis na obra recente de G. Segalla, *La ricerca del Gesù storico*, Queriniana, Brescia 2010. Bom exemplo de profundidade e equilíbrio, o já citado amplo artigo de Pesce, "Discepolato", 361-364, o qual evidencia como em cada um dos Evangelhos (com maior intensidade em Lucas, como afirmado) é possível encontrar os elementos de continuidade entre discipulado de Jesus e primeiro cristianismo.

[17] Meier, *Un ebreo. III*, 283.

[18] K. Berger, *I cristiani delle origini*, Queriniana, Brescia 2009, 45.

Deus, e vice-versa. A separação clara entre reino de Deus e igreja é ela mesma um produto ideológico: pressupõe-se que Jesus não tivesse querido nenhuma igreja.[19]

Naturalmente, a interrogação crítica permanece e é "intrigante", como afirma R. Penna; é, portanto, digna de atenção a reserva expressa pelo estudioso italiano, que destaca que "falar de Jesus como 'fundador do cristianismo' ou 'da igreja' é completamente inapropriado".[20] Todavia, se é verdade que "aquilo que foi predominantemente determinante na construção de uma/da *ekklēsía* como comunidade [...] foi o evento pascal [...], segundo início do cristianismo", não se pode deixar de reconhecer que já durante seu ministério terreno Jesus "pensava certamente em um grupo próprio diferente e bem visível, entendido como embrião de uma sociedade alternativa".[21]

Creio que estas breves observações possam bastar para garantir a possibilidade de utilizar os textos do Novo Testamento para uma reconstrução fundada e veraz do discipulado desejado por Jesus para os seus, sem ficar paralisado diante das objeções apresentadas pela pesquisa moderna e contemporânea. De resto, pode-se notar que, inclusive quanto à continuidade entre Jesus e os Evangelhos, cada vez mais estudiosos estão propensos a destacá-la, dando maior crédito à historicidade das tradições sinóticas.[22]

---

[19] Ibid., 46.

[20] Penna, *Comunità*, 45. Ótimas observações, profundas e sintéticas, encontram-se em: R. Penna, "Ricerca e ritrovamento del Gesù storico. Alcune considerazioni", *Rivista Biblica* 60, 2012, 371-395.

[21] Penna, *Comunità*, 46.

[22] Podem-se ver J. D. G. Dunn, *Dal Vangelo ai Vangeli*, San Paolo, Cinisello Balsamo 2012; R. J. Bauckham, *Gesù e i testimoni oculari*, GBU, Chieti/Roma 2010; Segalla, *Ricerca*, 161-198.

PRIMEIRA PARTE

O DISCIPULADO NAS NARRATIVAS DO NOVO TESTAMENTO
(EVANGELHOS E ATOS)

Após ter apresentado rapidamente algumas questões preliminares, é o momento de voltar o olhar diretamente para os livros do Novo Testamento. Mediante uma leitura atenta, ainda que inevitavelmente rápida, iremos em busca dos testemunhos autorizados sobre o discipulado contidos nos diversos livros que compõem o Novo Testamento. Obviamente, uma análise desse tipo comporta certa falta de sistematicidade e o risco de repetições e sobreposições; nenhum livro contém, de fato, uma reflexão sistemática (no sentido que podemos dar hoje em teologia dogmática ou espiritual) sobre o discipulado. A escolha das passagens e dos temas foi realizada de modo refletido e coerente, mas pessoal, e, portanto, abre espaço para a possibilidade de equívocos, ausências e críticas. De todo modo, creio que a abordagem segundo os textos permaneça a escolha com o melhor método, pois permite conhecer de modo direto o pensamento dos autores do Novo Testamento.

Intitulei esta primeira parte "O discipulado *nas narrativas* do Novo Testamento" porque ela tem como objeto de estudo os livros nos quais prevalece a dimensão narrativa:

Evangelhos e Atos. Além da comodidade de exposição, a escolha em diferenciar livros "narrativos" e não narrativos parece-me metodologicamente útil. Para a abordagem das narrativas, de fato, é preferível a escolha de métodos narrativos, enquanto a análise dos demais textos exige uma abordagem diferente. Ademais, considero que sejam as *narrativas* que fornecem as principais informações e descrições da vida do discípulo conforme a apresenta o Novo Testamento. O que significa seguir Jesus, em outras palavras, pode ser compreendido, sobretudo, observando aqueles que por primeiro de fato o seguiram, conforme é descrito em particular nos Evangelhos e nos Atos, aos quais dei a preferência.

I

O EVANGELHO SEGUNDO MARCOS

Marcos não é o primeiro Evangelho que se encontra em nossas Bíblias; é, na verdade, precedido por Mateus. Todavia, seu estilo, conteúdo e outras considerações de tipo histórico e crítico permitem concluir que Marcos seja o Evangelho mais antigo e que – pelo menos essa é a hipótese corrente entre os estudiosos – Mateus e Lucas de algum modo tenham usado o texto marcano, ampliando-o e modificando-o segundo suas próprias exigências.[1] Muitos termos comuns aos três Evangelhos sinóticos tiveram em Marcos sua primeira formulação em um livro, e parece-me, portanto, mais oportuno abordá-los a partir desse primeiro ponto de vista. É por isso também que trataremos mais delongadamente de Marcos, evitando retomar, quanto aos três outros evangelistas, questões já tratadas neste capítulo.

Marcos: uma narrativa

Há alguns anos, está se desenvolvendo um modo de leitura e interpretação dos Evangelhos que considera, de modo específico e científico, sua característica de textos

---

[1] R. Penna, *La formazione del Nuovo Testamento nelle sue tre dimensioni*, San Paolo, Cinisello Balsamo 2011, 86-92.

literários, mais especificamente narrativas. São muitos os estudos que abordaram o segundo Evangelho utilizando a metodologia própria da análise narrativa, permitindo uma leitura complexa e atenta às dinâmicas narrativas.[2] Será esse o caminho que trilharei aqui.

Resumidamente, isso significa que também o que direi da relação entre Jesus e seus discípulos, e do discipulado em geral, tentará compreender essas temáticas não de modo predominantemente histórico ou segundo categorias teológicas predeterminadas, mas sim em seu desenvolvimento dentro da narrativa de Marcos. Ou seja, como o segundo evangelista narra a história de Jesus com os seus? E, partindo dessa narrativa, o que podemos deduzir sobre o discipulado em geral?[3]

Analisando Marcos desse modo, logo nos damos conta da absoluta proeminência dos discípulos. O segundo Evangelho, de fato, narra o encontro de Jesus com os seus (futuros) discípulos já no primeiro capítulo, nos vv. 16-20. E o Evangelho termina, considerando seja a conclusão original em 16,8 seja o final longo em 16,20,[4] com uma cena

---

[2] A primeira obra de fôlego em perspectiva narrativa sobre Marcos é D. M. Rhoads - J. Dewey - D. Michie, *Il racconto di Marco. Introduzione narratologica a un vangelo*, Paideia, Brescia 2011; sua abordagem é, porém, um tanto quanto datada. Um bom comentário narrativo, original e útil, é o de B. M. F. van Iersel, *Marco. La lettura e la risposta. Un commento*, Queriniana, Brescia 2000; uma abordagem narrativa tem também X. Pikaza, *Il vangelo di Marco*, Borla, Roma 1996, e É. Cuvillier, *Evangelo secondo Marco*, Edizioni Qiqajon, Magnano 2011.

[3] Para uma abordagem ligeiramente diferente, ver o recente J. J. Bartolomé, *Gesù di Nazaret formatore di discepoli. La pedagogia di Gesù secondo il racconto di Marco*, LAS, Roma 2013, que lê de maneira aprofundada todo o Evangelho do ponto de vista da formação dos discípulos por seu mestre.

[4] Os vv. 16,9-20 são considerados não pertencentes ao texto original de Marcos, ainda que canônicos; a propósito, cf. G. Perego, *Vangelo secondo Marco. Introduzione, traduzione e commento*, San Paolo, Cinisello Balsamo 2011, 338-341.

em que os protagonistas são ainda os discípulos. No meio, são pouquíssimas as cenas em que os discípulos não estão presentes, pelo menos implicitamente. Podemos, portanto, afirmar, sem muito equívoco, que o Evangelho narra não (somente) a história de Jesus, mas (também) a história *de Jesus e de seus discípulos*.[5] Tentarei agora retomar essa história, apresentando uma longa "leitura" do texto, em particular das passagens em que os discípulos estão diretamente envolvidos; estou convencido de que essa análise será suficiente para distinguir os traços marcantes do discipulado e do seguimento de Jesus descritos por Marcos.

O caminho dos discípulos e de Jesus em Marcos

Do chamado ao encargo: o início da partilha (1,16–3,12)

O Evangelho de Marcos se inicia, de modo rápido e decisivo, com a apresentação de João Batista, o batismo de Jesus e as tentações (1,1-13), seguidos por um brevíssimo sumário que anuncia a pregação de Jesus na Galileia (1,14-15). Logo em seguida, ele identifica seus primeiros discípulos: conforme narra 1,16-20, Jesus encontra quatro pescadores e os chama para segui-lo. A cena é breve; a única fala relatada é a de Jesus: "Vinde após mim, eu vos farei pescadores de homens".[6] Sobre os discípulos, não

---

[5] Considerações válidas nesse sentido se encontram no belo trabalho, ainda que de difícil leitura, de G. Bonifacio, *Personaggi minori e discepoli in Marco 4–8. La funzione degli episodi dei personaggi minori nell'interazione con la storia dei protagonisti*, Pontificio Istituto Biblico, Roma 2008.

[6] G. P. Peron, *Seguitemi! Vi farò diventare pescatori di uomini (Mc 1,17). Gli imperativi ed esortativi di Gesù ai discepoli come elementi di un loro cammino formativo*, LAS, Roma 2000. A ampla obra se dedica em particular à dimensão "formativa" do discipulado.

sabemos nada além daquilo que nos mostra o narrador com as poucas e rápidas ações deles: "Logo deixaram as redes e o seguiram" (1,18). De fato, porém, a partir desse momento Jesus não está mais sozinho, como mostra a cena seguinte, que se inicia com um verbo no plural (1,21: "Chegaram").

Os discípulos assistem, assim, ao primeiro gesto miraculoso de Jesus, unido a um ensinamento realizado na sinagoga de Cafarnaum (1,21-28). Logo em seguida, reforçando uma intimidade já estabelecida, o Evangelho nos leva à casa de Pedro (1,29-31), onde os pescadores, ainda chamados pelo nome, falam a Jesus da sogra enferma (1,30). Assim, o segundo milagre descrito nos Evangelhos é realizado somente para eles. O leitor intui que se instaura uma relação privilegiada entre Jesus e esses homens; inclusive a ambientação em casa denota essa familiaridade, e ela será outras vezes o espaço reservado para a formação dos discípulos.[7] A sequência da narrativa mostra Jesus de novo com os seus: Pedro e os demais buscam o mestre, o qual se retirou de manhãzinha para orar sozinho (1,35-39). E ele, quando anuncia sua intenção de prosseguir a pregação, envolve os discípulos em seu programa: "*Partamos* para outro lugar, para as cidades vizinhas, para que eu pregue também lá".

Até agora, os seguidores de Jesus não foram chamados de *discípulos*; o vocábulo aparece somente em 2,15, após o chamado de Levi.[8] Isso acontece sem uma explicação, mas o narrador indica que muitos estão "seguindo" Jesus

---

[7] Cf. Perego, *Marco*, 60.

[8] Para o uso dos nomes, veja-se o que foi afirmado antes (p. 18).

(2,15) e presumivelmente esteja indicando os discípulos.[9] A cena do chamado de Levi (2,14) destaca narrativamente os chamados anteriores. Também nesse caso Jesus se dirige à casa do novo seguidor, provocando, assim, o desdém de escribas e fariseus (2,15-17). Essa cena introduz uma sequência de três disputas de Jesus com seus adversários (2,18–3,6), nas quais os discípulos são presenças – ainda que basicamente passivas – indispensáveis para fazer a ação se desenvolver: em 2,16, é aos discípulos que se dirigem "os escribas dos fariseus"; em 2,18, são os discípulos que não jejuam, permitindo a comparação com os discípulos de João e dos fariseus, mas é Jesus quem responde; em 2,23, os discípulos colhem as espigas, permitindo a acusação dos fariseus. O uso do termo *discípulos* e a sequência narrativa desses capítulos mostram que de agora em diante esses homens serão uma presença consolidada ao lado de Jesus, o qual assume a defesa deles e compartilha com eles seu próprio caminho.

O encargo aos Doze (3,13-19)

Bem cedo, aparece um texto decisivo para o discipulado em Marcos: a constituição do grupo dos Doze (3,13-19). Na cena do chamado, eles são investidos por Jesus dos poderes e deveres deste último, mas causa espanto – nesse momento – a passividade deles: não se fala da reação que tiveram, nem de sua atividade seguinte, que, porém, estava sendo anunciada. De fato, constituindo o grupo, Jesus lhe atribui encargos específicos: "ficar com ele" e "ser enviados" "a

---

[9] Assim o faz R. Pesch, *Il vangelo di Marco. I*, Paideia, Brescia 1980, 274 e van Iersel, *Marco*, 140.

pregar com o poder de expulsar os demônios". Entre os dois encargos, existe certa tensão (não se pode *ficar* e *ir* ao mesmo tempo),[10] mas é significativo que em primeiro lugar esteja o "ficar com" Jesus. Analisando melhor, esse é o único papel desempenhado pelos discípulos até agora, e permanecerá até o final o traço mais característico do grupo.

O segundo encargo é descrito pelo verbo técnico "enviar" (*apostéllō*, do qual deriva *apóstolos*). Como enviados, os Doze deverão acima de tudo "pregar" (ou melhor: *anunciar*). Essa expressão tem um significado muito preciso em Marcos: é a ação de João Batista (1,4.7) e de Jesus (1,14.38) e é também o verbo que acompanha o vocábulo "evangelho" (13,10; 14,9; 16,15.20). Em segundo lugar, eles recebem "poder sobre os demônios", outro traço típico da atividade de Jesus. Todavia, até o capítulo sexto não há indício dele na narrativa do envio dos discípulos; em outras palavras, até aquele momento não se completa o programa narrativo aqui exposto (os dois capítulos estão em clara ligação, ainda que haja diferenças nos detalhes). O uso, porém, dos mesmos verbos – em particular – leva o leitor a reconhecer, no capítulo sexto, o cumprimento do previsto até aquelas páginas. Pode parecer estranho que o Evangelho não descreva logo essa missão; mas – na narrativa de Marcos – agora os discípulos devem continuar a "ficar" com Jesus, antes de serem enviados. É o que acontece na passagem imediatamente seguinte, na qual eles estão com Jesus (3,20), mas não desempenham nenhum papel particular. Pelo contrário, nesse longo episódio (3,20-35), no qual Jesus identifica sua "nova família", destaca-se a ausência de qualquer menção

---

[10] Destaca bem esse paradoxo Pikaza, *Marco*, 112-113.

explícita dos Doze:[11] o espaço em torno de Jesus parece ser muito vasto e não se esgota nos Doze chamados.

Rumo a uma difícil compreensão (4,1–6,6)

O capítulo quarto do Evangelho mostra Jesus ensinando amplamente pela primeira vez. Não surpreende, portanto, que o texto retorne aos discípulos: o termo *discípulo*, recordemos, se liga, sobretudo, a quem *aprende* de um mestre. O narrador aqui se recolhe e deixa a palavra e a cena a Jesus; é ele mesmo quem separa seus ouvintes em discípulos e outros (4,10-12), citando a Escritura sobre a incompreensão à qual os ouvintes "de fora" estão destinados.[12] Os discípulos, em vez, podem pedir explicações, e isso permite perceber a relação peculiar que se instaura com o grupo dos seguidores. Quando o narrador retoma todo o episódio do ensinamento em parábolas, destaca exatamente esse aspecto: "Falava tudo em parábolas, mas, privadamente, *a seus discípulos explicava todas as coisas*" (4,33-34). Marcos, todavia, traz também algumas palavras não isentas de ambiguidade para os discípulos. A eles, que pediam explicações, Jesus responde

---

[11] Na passagem de Marcos, Jesus se volta para "aqueles que estavam sentados em torno dele" (3,34-35); a expressão é idêntica àquela utilizada pouco antes para a multidão (3,32). Portanto, não identifica somente os discípulos.

[12] O uso da Escritura é destacado porque ela representa a instância mais autorizada na narração; ver o importante estudo narrativo de M. Vironda, *Gesù nel vangelo di Marco. Narratologia e cristologia*, Dehoniane, Bologna 2003, 116-119. Aqui a citação é de Is 6,9-10, onde Deus falava a Isaías confiando-lhe o encargo diante do povo, destinado a não entender o que ouvia e via. "Valorizando o texto de Is 6,9-10, o segundo Evangelho parece abordar o tema da incredulidade oferecendo-lhe um horizonte amplo […]. O que faz a diferença diante do 'mistério do Reino' é a vontade ou não de acolher Jesus e de estar com ele: mesmo os Doze não compreendem as parábolas do Mestre, mas podem pedir-lhe uma explicação" (Perego, *Marco*, 105).

com uma repreensão: "Se não entendeis esta parábola, como podeis compreender todas as demais?" (4,13). Trata-se de uma pergunta que subentende a dificuldade dos discípulos, que, se de um lado não é enfatizada, coloca, porém, uma sombra sobre sua compreensão.[13]

A situação, de resto, se complica imediatamente. O episódio seguinte (a tempestade acalmada: 4,35-41) muda a situação. A cena é bem construída, com a *complicação* (tempestade), o *clímax* (Jesus dormindo), a *solução* (pergunta dos discípulos e intervenção de Jesus) e o *final* (pergunta de Jesus e comentário do narrador).[14] Além disso, é contada com vivacidade, graças ao fato de que se adota frequentemente o ponto de vista dos discípulos, a partir do qual desde o início é descrito o medo, à mercê das ondas. O sono de Jesus aumenta a dramaticidade da situação, e o discurso direto, utilizado pelos discípulos, acentua a sensação de proximidade do leitor à cena: "Mestre, não te importas que estejamos perecendo?". As palavras dirigidas ao mestre são bastante compreensíveis e revelam, com uma estranha mistura, tanto o medo quanto a confiança dos discípulos. Jesus responde logo: não com palavras, mas com sua ação poderosa sobre o vento e a tempestade, os quais se acalmam imediatamente. A cena, todavia, não se encerra aqui, porque Jesus se volta para os seus com uma reprovação

---

[13] Parece-me que inclusive a função dos discípulos como *auxiliares* no desenvolvimento da cena (graças à pergunta deles Jesus explica a parábola, de modo que também o leitor a escute) contribua para atenuar o tom negativo da pouca compreensão da parte deles. De fato, também o leitor deve admitir aqui a necessidade de uma explicação posterior, e não há neste caso um conhecimento superior da parte dos discípulos, como em outras ocasiões.

[14] Útil para a análise narrativa desta cena é A. Martin, "Il senso della fede e le ambivalenze necessarie in Mc 4,35-41", *Studia Patavina* 54 (2007) 513-536.

explícita: "Por que estais com medo? Ainda não tendes fé?". À reprovação não há resposta: os discípulos trocam somente algumas palavras entre si, nas quais se perguntam quem seria aquele homem que está diante deles. Interessante conclusão! Os seguidores de Jesus, que deixaram tudo para segui-lo e foram escolhidos por ele e investidos de sua própria missão, são taxados de não terem fé e de ainda não terem compreendido a identidade de seu mestre. Em uma única tacada, esse episódio anula a vantagem que os discípulos tinham com relação a todos os demais personagens da *história* sobre o conhecimento de Jesus, e parece afastá-los, pelo menos em parte, de seu mestre.[15]

A cena seguinte, da cura do endemoniado, evita qualquer referência aos discípulos (5,1-20), enquanto no duplo episódio de cura narrado em 5,21-43 eles voltam à cena. Trata-se de uma participação marginal, mas não banal: de fato, as palavras deles soam como uma reprovação quanto ao mestre, o qual é ironizado pela pretensão de querer saber quem o tocou em meio a tamanha confusão (5,31). Pode-se notar que, aqui, os discípulos assumem o papel de *opositores* de Jesus, ironizando-o pela absurdidade de sua pergunta. No último quadro do episódio, por sua vez, os três discípulos Pedro, Tiago e João são chamados por Jesus para assistirem, à parte, à ressurreição da filha de Jairo. Aqui, o papel deles é passivo, mas suficiente para envolvê-los, como espectadores, no milagre e fazê-los participar, junto

---

[15] Por outro lado, é também verdade que há elementos positivos para eles: os discípulos continuam a mostrar que estão fascinados e se deixam fascinar pela pessoa de Jesus, interrogando-se sobre sua identidade. Além disso, a reprovação de Jesus dá a entender que a situação pode melhorar: "*Ainda* não tendes fé?". No momento não há fé, mas poderá haver!

com os demais presentes, do "grande espanto" destacado pelo narrador ao concluir a cena. A dúplice cura apresenta, então, certa ambiguidade para os discípulos, visto que aproxima de algumas das palavras deles pouco lisonjeiras uma ação de Jesus que os transforma em testemunhas do maior milagre realizado até esse momento. A história, entre altos e baixos, continua.

Missão dos Doze e incompreensão crescente (6,7–8,26)

Prosseguindo na narrativa, os *discípulos* são mencionados como acompanhantes de Jesus em sua viagem até Nazaré, enquanto são os *Doze* que protagonizam os dois episódios "externos" à seção 6,7-30, nos quais é primeiro anunciada e depois brevemente descrita a ação missionária deles. O episódio do envio missionário – conforme já observado – está ligado ao momento da escolha dos Doze narrada no capítulo terceiro. Aqui, porém, escutamos diretamente as palavras de Jesus, que contêm um breve, mas importante, ensinamento sobre a modalidade desse envio em missão.[16] Após o longo período de vida junto a Jesus e a três capítulos da narrativa do mandato recebido, finalmente os discípulos têm a oportunidade de se tornarem protagonistas, de agir como Jesus agiu. Colocada à parte, assim parece, a incompreensão dos episódios precedentes, aqui volta a prevalecer um tom positivo, acentuado pelas palavras conclusivas de aprovação de Jesus pelos seus, que os convida a retirar-se à parte. Não surpreende, portanto, ver os Doze protagonistas do milagre da primeira multiplicação dos pães (6,34-44);

---

[16] Voltaremos a essas palavras analisando o discurso segundo Lucas (cf. pp. 81-84).

Marcos parece querer dizer que até mesmo eles são capazes de agir ao lado do próprio mestre.

O Evangelho, todavia, reserva logo outra surpresa, já na passagem seguinte (6,45-53). O episódio é sugestivo e bem narrado: Jesus, que obriga os seus a irem rumo a Betsaida, despede ao mesmo tempo a multidão e se retira a um monte para orar. Com poucos traços, o narrador conduz o leitor a contemplar do alto, na escuridão da noite, o barco em pleno mar e Jesus, longe, em terra. Dessa perspectiva, vemos os discípulos que lutam contra o vento, e Jesus que, solicitamente, se dirige a eles para ajudá-los; ele, afirma o Evangelho, "queria ultrapassá-los", como nas "narrativas da passagem da glória de Iahweh junto a Moisés e Elias".[17] Mas os discípulos, na escuridão, são incapazes de reconhecê-lo e, acreditando que ele seja um fantasma, gritam de medo; Jesus, todavia, resolve rapidamente a situação, desce da embarcação, o vento cessa e tudo se aquieta. Como são descritos os discípulos na passagem? Ao medo e à incapacidade deles, o mestre responde afetuosamente, sem reprovação, com um animador: "Coragem, sou eu, não temais!". É o narrador, nesse caso, quem carrega na mão, concluindo assim: os discípulos "não haviam compreendido o fato dos pães: o coração deles estava endurecido" (6,52). Esse comentário que recai sobre os discípulos de fora, com toda a autoridade que o narrador sabe ter, soa muito pesado, inclusive por causa das palavras utilizadas, que remetem a outros episódios do Evangelho em que é acentuada a negatividade dos protagonistas. Trata-se de um bom exemplo de como é significativo o papel do narrador na orientação

---

[17] Pesch, *Marco. I*, 561.

da leitura: em 4,41, ele concluía a cena (análoga) falando de admiração; aqui conclui acusando de incompreensão. Mas é apenas o início...

Na disputa seguinte (7,1-23), quando eles, à parte, interrogam Jesus sobre a parábola, recebem uma dura resposta: colocados no mesmo nível que a multidão, são acusados de não compreenderem e de não entenderem (7,18). Para aumentar a impressão de distância suscitada por essa dureza, os discípulos não aparecem nos dois episódios seguintes (todos os verbos estão no singular), em que Jesus vai para fora da Palestina e cura a filha da mulher siro-fenícia e, em seguida, um surdo-mudo da Decápolis.

Paradoxalmente, também a segunda narrativa da multiplicação dos pães (8,1-9), em que os discípulos estão ainda positivamente envolvidos por Jesus na execução do milagre, não serve para libertar o leitor da perplexidade quanto a eles. Quando, de fato, o Senhor os chama e explica-lhes as próprias intenções, a reação deles é cética, como no capítulo sexto: *de que jeito alguém poderá saciar de pão essas pessoas, no deserto?*[18] É forte a ironia, porque o leitor conhece bem a partir do capítulo sexto – mas deveriam sabê-lo também os discípulos... – *quem* e *de que modo* resolverá a situação! Mas a pergunta subentende também outro nível, bem perceptível pelo leitor que conhece o mundo do Antigo Testamento: Deus mesmo, de fato, é quem mata a fome de seu povo (por exemplo, em Ex 16). Assim, a incompreensão dos discípulos é ainda maior: estão descrevendo – para o leitor – Jesus como quem mata a fome do povo (como só

---

[18] Pode-se tomar literalmente a frase grega traduzida pela Conferência Episcopal Italiana: "Como conseguir matar-lhes a fome de pão aqui, em um deserto?".

Deus sabe fazê-lo), mas as próprias palavras deles demonstram não compreender o que estão afirmando. O leitor só pode admirar-se da incapacidade deles de recordar o que Jesus fizera: "Parece que eles não fizeram nenhum progresso e não aprenderam absolutamente nada ao terem assistido à primeira refeição da multidão; ou, melhor, eles dão a impressão de terem suprimido completamente essa experiência".[19]

A maior distância entre Jesus e os discípulos se dá, porém, após uma breve cena que mostra Jesus envolvido com os fariseus, os quais lhe pedem um sinal, no terceiro episódio ambientado sobre o barco (8,14-21). Trata-se de um diálogo bastante obscuro sobre o tema do fermento e do pão.[20] Não está claro o que os discípulos deveriam entender aqui, mas muito clara é a reação de Jesus: ele lhes dirige uma sequência de sete perguntas muito decisivas, e as respostas titubeantes deles revelam apenas a incapacidade de compreenderem pouco ou quase nada do que viram nos últimos episódios, explicitamente relembrados. A conclusão, portanto, parece deixar pouca saída – além de não ter réplica e terminar de modo suspenso a passagem: "Ainda não compreendestes?".[21] A situação parece desconfortante.

---

[19] Van Iersel, *Marco*, 235.

[20] Normalmente, os comentadores destacam o valor simbólico da palavra usada: o único pão é Jesus.

[21] Podemos notar a radical diferença com relação à passagem paralela de Mt 16,12, que termina bem para os discípulos: indício de que cada evangelista busca uma dinâmica narrativa específica. Sobre a impressionante concentração de perguntas no episódio, podem-se ver as considerações de G. Perini, *Le domande di Gesù nel Vangelo di Marco. Approccio pragmatico: ricorrenze, uso e funzioni*, Glossa, Milano 1998, 76-79. O valor principal delas, segundo esse autor, é de fazer passar do nível da *história* ao do *leitor*, o qual se sente interpelado a dar uma resposta.

O que entenderam os discípulos de Jesus? Ainda nada, afirma seu próprio mestre.

A cena seguinte (8,22-26) desloca a atenção: o leitor nota que a travessia do mar termina com Jesus ainda com os seus ("Chegaram" em 8,22), embora o episódio tenha como protagonista somente Jesus e o cego; retorna, porém, o tema do ter olhos para ver (cf. 8,18 e 8,28): trata-se, de fato, de um episódio com forte significado simbólico, que "transporta" nossos protagonistas para a passagem decisiva do Evangelho, que está para acontecer em Cesareia de Filipe.[22]

A confissão de Cesareia (8,27-30)

É aqui que se desenvolve o episódio seguinte (8,27-30), que acontece inesperadamente, inclusive por sua ambientação muito fora de mão (estamos no extremo Norte da Galileia, perto das nascentes do Jordão); mas inesperada é, sobretudo, a pergunta de Jesus, o qual de maneira direta e definitiva pergunta aos seus: "Mas vós, quem dizeis que eu sou?". Compreende-se facilmente a importância dessa pergunta, sobretudo depois dos últimos episódios críticos para Pedro e os demais. O que responderão os discípulos, que "ainda não entenderam"? A passagem da *confissão de Pedro*, como é

---

[22] "É natural pensar que o evangelista esteja de algum modo preparando o leitor para a cena seguinte, na qual os discípulos, uma vez conduzidos para fora do próprio ambiente cotidiano de vida (a margem ocidental do lago), chegam a reconhecer em Jesus o Messias" (Perego, *Marco*, 174). Sobre 8,22-26, pode--se ver o estudo narrativo de E. Salvatore, *"E vedeva a distanza ogni cosa". Il racconto della guarigione del cieco a Betsaida (Mc 8,22-26)*, Pontificia Università Gregoriana - Morcelliana, Roma - Brescia 2003.

normalmente chamada, foi construída com muita atenção.[23] Jesus primeiro interroga os discípulos sobre as opiniões do povo, e eles respondem com precisão, recordando exatamente as palavras recordadas no Evangelho no capítulo sexto (cf. 6,14-16). Somente em um segundo momento o Senhor passa à pergunta direta lembrada antes, e aqui é somente Pedro quem responde, com as célebres palavras: "Tu és o Cristo", ou seja, o Messias. Embora (no Evangelho segundo Marcos) Jesus não responda à confissão e não a aprove explicitamente,[24] o leitor atento se dá conta perfeitamente de que Pedro respondeu bem e – sobretudo – utilizou uma palavra, "Cristo", que não havia sido pronunciada por ninguém antes no Evangelho, após a ocorrência no "título" de toda a obra, em Mc 1,1. Chamando dessa maneira Jesus, Pedro certamente disse a verdade e foi o primeiro a fazê-lo dentre todos os personagens da *história* narrada. Todavia, a única consequência é a imposição do silêncio por parte de Jesus, que fecha a cena com um ar de incerteza: por que os discípulos não devem divulgar o que entenderam sobre ele? E, ainda, como Pedro pôde chegar a essa resposta tão

---

[23] Para a análise narrativa detalhada do episódio, permito-me remeter a P. Mascilongo, *"Ma voi, chi dite che io sia?". Analisi narrativa dell'identità di Gesù e del cammino dei discepoli nel Vangelo secondo Marco, alla luce della "Confessione di Pietro" (Mc 8,27-30)*, Gregorian & Biblical Press, Roma 2011, 49-114.

[24] Talvez seja bom lembrar as diferenças presentes na passagem entre os três Evangelhos sinóticos. De fato, enquanto a pergunta é absolutamente idêntica em Mateus, Marcos e Lucas ("Mas vós, quem dizeis que eu sou?"), as respostas de Pedro e as reações de Jesus mudam: em Marcos as palavras são as citadas e Jesus reage pedindo o silêncio. Em Mateus, Pedro afirma: "Tu és o Cristo, o filho do Deus vivo" e Jesus retoma a fala elogiando o apóstolo (a célebre passagem do "primado": Mt 16,17-19). Em Lucas, Pedro diz: "Tu és o Cristo de Deus" e Jesus, como em Marcos, impõe o silêncio sem comentários.

decisiva, após todo o esforço demonstrado na compreensão das palavras e das ações de Jesus? O leitor intui que chegou a um ponto importante, mas que, ao mesmo tempo, na passagem não são fornecidas todas as respostas que desejaria, e, por isso, precisa prosseguir...

O caminho rumo à cruz (8,31–10,52)

Repentinamente (como Marcos nos acostumou), no episódio seguinte parece que os papéis mudam: em 8,31-33, Pedro se torna adversário de Jesus, o Satanás a ser afastado. A Jesus, que pela primeira vez anuncia a paixão, morte e ressurreição, Pedro se opõe abertamente. A réplica de Jesus é um duro golpe para o apóstolo: ele pensa segundo os homens e não segundo Deus. A narrativa sugere que, exatamente por causa da confissão feita há pouco por Pedro, Jesus pode finalmente falar de modo aberto sobre seu destino; com certeza, porém, também o leitor se admira com as palavras de Jesus: se é o Messias, por que deve "sofrer muito, ser rejeitado e ser morto"? A incompreensão de Pedro, fortemente destacada na passagem, contribui, portanto, para evidenciar a radical novidade das palavras de Jesus aqui citadas.

Fato é que, para Jesus, não basta, a quem quer ser discípulo, reconhecer e compreender sua identidade: é preciso também compartilhar de seu destino.[25] É exatamente

---

[25] Como justamente notam Rhoads - Dewey - Michie, *Il racconto di Marco*, 202, há um destaque exatamente no tipo de incompreensão, que "separa" a confissão do que segue, enquanto "o problema passa da falta de compreensão à compreensão equivocada". Veja-se também M. Grilli, *L'impotenza che salva. Il mistero della croce in Mc 8,27–10,52*, Dehoniane, Bologna 2009, 156-157: "Enquanto na primeira parte do Evangelho os traços do seguimento são ex-

aqui, de fato, que o mestre pronuncia as palavras decisivas para o discipulado cristão: "Se alguém quiser me seguir, renegue-se a si mesmo, tome sua cruz e siga-me. Porque quem quer salvar a própria vida perdê-la-á; mas quem perder a própria vida por minha causa e por causa do Evangelho salvá-la-á" (8,34-35). Destaca-se a continuidade entre o destino de Jesus (proclamado em 8,31 e rejeitado por Pedro em 8,32) e o que agora é solicitado a qualquer um que deseje seguir o Nazareno: e chama a atenção o fato de que, na primeira vez que aparece no Evangelho, o substantivo *cruz* não se refira a Jesus, mas sim ao discípulo. De qualquer modo, pode-se falar de um novo ponto de partida; muito significativa é a formulação do apelo de 8,34, que ecoa de modo explícito as falas iniciais do Evangelho, quando aos primeiros discípulos se pedia para andar "atrás dele" e se realizava esse chamado no seguimento (cf. 1,16-20). De todo modo, a nova incompreensão revelada por Pedro não impede Jesus de continuar a manter-se ligado a seus seguidores, chamando-os ao seguimento.

E, de fato, a relação não se interrompe, sequer com Pedro, como mostra o episódio da transfiguração (9,2-13), no qual, com Tiago e João, ele é chamado a ser testemunha

---

pressos, sobretudo, em chave de compreensão, a partir de 8,31 Marcos começa a delinear o discípulo de Jesus não somente em termos de pura cognição, mas de compartilhamento. Não se fala unicamente de inteligência, mas de um destino ao qual tomar parte". Cito aqui também a bela reflexão (desenvolvida sobre o Evangelho segundo Lucas, mas que se refere às mesmas palavras de Jesus) de J.-N. Aletti, *Il Gesù di Luca*, Dehoniane, Bologna 2012, 130: "O movimento da sequência indica manifestamente que crer em Jesus, o Cristo, significa crer em um Jesus rejeitado, submetido à morte e ressurgido, e que quer segui-lo é possível somente participando pessoalmente de seu itinerário".

da misteriosa autorrevelação de Jesus em sua glória, para compreender que agora é ele quem deve ser escutado, mais que a antiga lei (Moisés) ou a profecia (Elias). E que a "crise" de 8,31-33 não comprometeu a relação com Jesus é mostrado também pelo fato de que em toda a seção, de 8,31 até 10,52, ele se interessa cada vez mais insistentemente em instruir os seus, corrigindo suas dificuldades de entender o que significa concretamente segui-lo.[26] Em seguida, vêm palavras explicativas sobre João Batista (9,9-13), sobre a importância da oração e da fé (9,28-29), sobre a verdadeira grandeza (9,33-37), sobre a relação com os demais curadores (9,38-40), sobre a recompensa de cada discípulo (9,41), sobre o escândalo a evitar (9,42-50), sobre o matrimônio (10,1-12), sobre a riqueza e a recompensa do discípulo fiel (10,17-34: o ensinamento dá ocasião à narrativa do homem rico que queria seguir Jesus mas não consegue se desligar dos próprios bens), sobre o serviço como estilo necessário de todo discípulo, em resposta ao irritante pedido dos filhos de Zebedeu (10,35-45). E não é por acaso que a longa seção se encerre com a narrativa do último milagre de Jesus, sobre o cego Bartimeu, o qual, após a cura, "segue Jesus ao longo da estrada": pela estrada havia se concluído também a seção anterior, em 8,27, e seguir Jesus é, aliás, o tema principal dessa parte do Evangelho, em que os discípulos, mesmo sem terem perdido o hábito de custar a entender, continuaram sua viagem com o mestre, que os conduziu finalmente a

---

[26] Um bom estudo, com já alguns anos, lança luz sobre a unidade, sobre este tema, de toda a seção 8,30–10,52: E. Manicardi, *Il cammino di Gesù nel Vangelo di Marco. Schema narrativo e tema cristologico*, Pontificio Istituto Biblico, Roma 1980 (2003).

Jerusalém, lugar onde o destino deles se liga definitiva e radicalmente ao dele.[27]

Os dias de Jerusalém: o fracasso (11,1–15,47)

Com 11,1, Marcos começa a narrar os últimos dias de Jesus em Jerusalém. Nos capítulos 11–13, desde o início da narrativa da paixão o papel dos discípulos parece estar mais oculto, para deixar espaço às ações e às palavras públicas de Jesus, desafiado pelas autoridades. As poucas exceções são algumas palavras sobre a oração suscitadas pela figueira ressequida (11,20-25); as palavras sobre os escribas e sobre a oferta da viúva (12,38-44); a introdução ao longo discurso escatológico (13,1-37), direcionado aos discípulos e rico de admoestações sobre o comportamento a assumir "naqueles dias".

Na narrativa das últimas horas de Jesus, a partir de 14,1, a relação com os discípulos chega a seu clímax dramático. Inicia-se com a presença fugaz da mulher que realiza a "bela ação" de perfumar a cabeça de Jesus durante a cena em Betânia (14,3-9). Os discípulos não são aqui mencionados, e Marcos não diz se são eles que ficam indignados com o desperdício de perfume.[28] Todavia, a solicitude amorosa da mulher, elogiada por Jesus e explicitamente ligada à paixão iminente ("Ungiu por antecipação meu corpo para a

---

[27] "Os discípulos devem ainda trilhar um longo caminho de conformação ao Mestre [...]. Neles, há uma cegueira que é curada, uma tristeza que é enfrentada, mas, sobretudo, há o anúncio do mistério pascal que é vivido e interiorizado e tudo isso não poderá acontecer sem a passagem pelo despojamento e pela nudez" (Perego, *Marco*, 228).

[28] Na narrativa paralela de Mt 26,8-9, por sua vez, afirma-se exatamente isso; na versão de Jo 12,4-5, somente Judas ficou indignado.

sepultura", afirma o Senhor), exalta por contraste a ausência dos discípulos, prelúdio do que acontecerá em breve nas narrativas de morte, sepultura e ressurreição.

Logo em seguida, aparece, sim, um discípulo, mas trata-se de Judas e do anúncio da traição, que marca o início narrativo dos eventos da paixão: a partir daqui, bastará somente encontrar "o momento oportuno" para entregar Jesus (14,10-11). Marcos não explica o comportamento de Judas, e o discípulo aparece aqui pela primeira vez após sua menção, já explicitada, no capítulo terceiro. Permanece o dado: um dos Doze, do círculo mais íntimo dos discípulos de Jesus, chamado pelo próprio Jesus e que com ele havia compartilhado – como os demais – todos os passos do mestre, é agora quem, traindo, permite sua captura e favorece sua condenação à morte. O evangelista não oculta esse elemento embaraçoso para o grupo dos Doze; em nenhum Evangelho, além disso, oculta-se o papel de Judas. Marcos, conforme sua característica, não se alonga em descrições ou comentários: cabe ao leitor compreender a gravidade da ação do apóstolo e reconhecer as implicações para quem queira seguir Jesus de agora em diante. A escolha e o chamado não bastam para evitar uma traição.

A sequência da narrativa se concentra inicialmente na última ceia (14,17-25), momento de máxima proximidade e comunhão entre Jesus e os seus, já envolvidos na complexa e singular preparação (14,12-16); durante a ceia, Jesus anuncia a traição e pronuncia as palavras sobre o pão e o vinho. Segue o episódio no monte das Oliveiras (14,26-31), onde o Senhor anuncia o abandono dos seus, e aquele no poder do Getsêmani, com intensa oração, ao qual são associados ainda – como no monte da transfiguração – Pedro, Tiago e

João; aqui se narra, por fim, a prisão com a fuga de todos (14,32-52). Nesse capítulo, portanto, chega-se ao mesmo tempo ao máximo da proximidade e ao máximo da distância entre discípulos e Jesus: vai-se do intenso compartilhamento (a última refeição, a oração no Getsêmani) até a dispersão definitiva do grupo, lapidarmente descrita em 14,50 ("Todos o abandonaram e fugiram"), que é seguida pela negação de Pedro magistralmente narrada em 14,54.66-72. "A partir desse momento, interrompe-se qualquer relação entre Jesus e seus discípulos: nenhuma palavra (cf. Jo 19,25-27) e nenhum olhar (cf. Lc 22,61) reestabelecerá essa ruptura; o tempo do ensinamento, da pregação e da explicação privada e atenta dos 'mistérios do Reino' acabou".[29]

É exatamente assim: daqui em diante, os discípulos saem totalmente de cena, até a morte e sepultura de Jesus. Essa ausência, que destaca de modo eficaz o abandono de Jesus nos últimos instantes de sua vida, é naturalmente também um juízo a respeito do que eles fizeram. O leitor do Evangelho sabe que esses homens acompanharam Jesus desde o início, seguiram-no, deixando tudo por ele, foram instruídos e enviados por seu mestre, que até o fim os teve junto de si, não obstante as incompreensões e os fracassos. Agora, exatamente no momento decisivo, o abandonam. Além disso, Marcos evidencia a ausência dos discípulos introduzindo outras figuras, bem mais corajosas e tenazes, durante os eventos da paixão: Simão de Cirene (Cireneu), que leva a cruz junto com o Senhor, em 15,20-21; as mulheres que assistem de longe, em 15,40-41; José de Arimateia, que pede autorização para sepultar Jesus, em 15,43-46; Maria

---

[29] Perego, *Marco*, 300.

de Mágdala e Maria mãe de Joset, em 15,47 e depois ainda em 16,1, que cuidam do corpo. O próprio centurião romano, com sua surpreendente "confissão" (15,39), desempenha um papel que pode ser o do discípulo (suas palavras – "Verdadeiramente, este homem era Filho de Deus!" – podem ser comparadas às de Pedro em 8,29). São todas pessoas que não haviam sido citadas anteriormente. Isso aumenta o efeito de substituição e prejuízo dos discípulos: por causa da fuga deles, parece que o evangelista quer fazer lembrar, outras pessoas são chamadas a circundar, servir e reconhecer Jesus.

Os dias de Jerusalém: a retomada (16,1-8)

Também o episódio do túmulo vazio narrado em 16,1-8 vai aparentemente na mesma direção. São, de fato, ainda as mulheres que se dirigem para prestar as honras fúnebres: dos discípulos, não há traço algum. Todavia, nessa cena, o papel de protagonista é assumido pelo jovem vestido de branco, que com suas palavras anuncia a ressurreição. Sua mensagem é simples, clara, assim como a tarefa dada às mulheres: "Ide, dizei aos discípulos e a Pedro: 'Ele vos precede na Galileia. Lá, vós o vereis, conforme vos disse'". Eis que aparecem novamente Pedro e os discípulos! Deus mesmo – através de sua mensagem – os torna novamente participantes, mostrando-lhes a possibilidade de encontrar mais uma vez o Senhor. Creio que seja um elemento que mereça ser bem destacado: a narrativa da paixão e morte estava muito explícita quanto ao grupo mais restrito dos seguidores, mostrando o total abandono deles. Agora, pelo contrário, tudo muda novamente. É verdade que Jesus havia previsto isso (14,28) e o anjo lembra explicitamente isso; mas não é de todo previsível, após a fuga deles, que a relação entre discípulos e Jesus devesse continuar. Pelo contrário: com base na fuga narrada em 14,50 e na negação, parecia que para os discípulos, em particular para os Doze, especialmente Pedro, o discurso estivesse definitivamente fechado. O que se narra não deixa margem para equívocos: aqueles homens fugiram, todos, e seu lugar foi assumido por outros, conforme visto.

O que faz os discípulos permanecerem na cena? O que permite sua inesperada reaparição exatamente no fim do Evangelho? É somente a promessa de Jesus (14,28), retomada pela certeza de se reverem na Galileia feita pelo jovem no sepulcro (16,7). Mesmo através de um final "aberto", como normalmente é reconhecido,[30] a narrativa reintegra de maneira clara e sem possibilidade de dúvida esses homens na relação com Jesus.[31] Podemos, assim, reconhecer uma dinâmica análoga àquela atuante na primeira parte do Evangelho: existe, para além da incompreensão, o oferecimento de uma permanência da relação com Jesus que se revela mais forte que qualquer contraste. Não obstante a incompreensão até o final, a mensagem conclusiva veiculada pelo Evangelho é de uma relação plenamente restaurada, que torna possível um caminho que vai além do próprio final do Evangelho. Emblemático o caso de Pedro, ao qual o Evangelho atribui (conforme um sábio plano narrativo) um papel decisivo quanto a isso: é ele – o primeiro a ser

---

[30] Ibid., 333, lembra que "o anúncio da ressurreição [...] é totalmente confiado apenas ao leitor, o qual é envolvido, assim, em primeira pessoa, no dinamismo do Evangelho e na responsabilidade do anúncio". Mais à frente, Perego afirma: "Não existe anúncio de ressurreição nem proclamação do Evangelho senão a partir da experiência pessoal que dela podem fazer os discípulos" (ibid., 336).

[31] Em outras palavras, graças a Jesus (mais uma vez!), sequer nesse caso se pode falar de uma diminuição da relação, conforme nota Iersel, *Marco*, 453.

chamado – quem reconhece o Messias em 8,29, é ele quem inaugura a nova incompreensão em 8,32-33, é ele quem fracassa em 14,66-72... mas é também ele quem é citado em 16,7 pelo jovem de branco, tornando-se de certa forma o garantidor da continuidade entre o grupo disperso e o grupo reunido na Galileia.[32] Quem melhor que o apóstolo pescador representa o caminho dos discípulos, incapazes de compreender o destino de seu mestre, mas ao mesmo tempo acompanhados em um percurso de compartilhamento que, de modo gratuito, vai além de todas as coisas?

Os discípulos como personagens narrativas

Essa é a narrativa de Marcos. Como afirmado no início, eu não gostaria de fazer outras considerações. Creio, de fato, que foi suficiente ter percorrido com calma as páginas do segundo Evangelho para descobrir como ele constrói narrativamente a ideia de discipulado. São os passos concretos dos discípulos que ensinam aos leitores quem é e como vive o discípulo do Senhor, em todos os tempos. Tem razão sobre isso X. Pikaza, quando afirma que Marcos "quis ser desde o início [um] livro no qual se escuta o chamado do Evangelho, manual no qual são traçadas as veredas para o seguimento".[33] É a narrativa como um todo, lida tentando assemelhar-se às dificuldades de Pedro e dos demais, que acompanha o cristão na compreensão, ou melhor, no fazer

---

[32] Para um aprofundamento, permito-me indicar: P. Mascilongo, "Il ruolo narrativo di Pietro nel vangelo secondo Marco, alla luce di Mc 8,27-33", in: F. Bianchini - S. Romanello (ed.), *Non mi vergogno del Vangelo, potenza di Dio*, Gregorian & Biblical Press, Roma 2012, 351-369.

[33] Pikaza, *Marco*, 6.

a experiência do que seja o discipulado. Isso vale especialmente para Marcos, o primeiro Evangelho a ser escrito.

Desejando sintetizar os traços do discipulado que emergiram, creio que os elementos centrais que Marcos propõe a seus leitores sejam a dependência dos discípulos de seu mestre e a importância de sua relação com ele e de sua permanência com ele. Mais que compreender, mais que agir, é decisiva a relação vital com ele. Essa relação, graças ao Senhor, pode permanecer também se os discípulos fracassarem; Marcos, portanto, insiste que se trata de uma relação assimétrica, na qual o elemento fundante (e fiel) é o próprio Deus, seu chamado. Tudo isso, em Marcos, emerge da primeira até a última página, mais que em ensinamentos específicos. Serão, por sua vez, Mateus e Lucas que fornecerão de maneira mais abundante reflexões e instruções de Jesus sobre a vida pedida a seus seguidores.

II

O EVANGELHO SEGUNDO MATEUS

O Evangelho segundo Mateus apresenta muitas características comuns a Marcos, em particular quanto ao esquema geral. Excetuando o acréscimo dos dois capítulos iniciais sobre a infância de Jesus e numerosas integrações, a trama global do Evangelho vai, também em Mateus, do batismo do Senhor até sua ressurreição, mantendo, no meio, quase invariável o esquema de Marcos e muito frequentemente narrando episódios semelhantes na mesma ordem.[1]

Os discípulos no Evangelho segundo Mateus

Também a história da relação dos discípulos com Jesus se desenrola de modo semelhante a Marcos e, como no Evangelho mais antigo, todos os episódios dos discípulos dependem dos de Jesus, o "protagonista" do Evangelho. Sem, portanto, repercorrer todo o caminho, limito-me a uma breve leitura do primeiro Evangelho baseando-me na caracterização dos discípulos e confrontando-a com a proposta por Marcos.

---

[1] Cf. U. Luz, *La storia di Gesù in Matteo*, Paideia, Brescia 2002, 13-35.

Os discípulos na trama do primeiro Evangelho

O primeiro episódio após o batismo e as tentações é, também em Mateus, o chamado dos primeiros quatro seguidores (4,18-22), narrado de modo essencialmente idêntico a Marcos. Eles acompanham Jesus ouvindo seu ensinamento (capítulos 5–7) e observando seus milagres (capítulos 8–9); nesse ponto, e estamos no capítulo 10, também Mateus propõe o chamado dos Doze, com a indicação dos nomes e o mandato missionário. Em acréscimo a Marcos, tem-se a impressão de que Jesus, com seus discursos, quer tornar claramente compreensível aos discípulos o que deles se espera. Na seção central do Evangelho, Mateus narra (como Marcos) alguns importantes episódios que têm como protagonistas os discípulos, como o ensinamento em parábolas (capítulo 13), os milagres dos pães (capítulo 14 e 15), o caminhar de Jesus sobre o mar (capítulo 14), a confissão de Pedro e as exigências do seguimento (capítulo 16), a transfiguração (capítulo 17): todos episódios presentes em Marcos, e narrados na mesma ordem, com, porém, algumas diferenças significativas (que veremos melhor em breve), em particular para uma imagem mais positiva dos discípulos (cf. 13,11; 14,33; 16,16).

Como em Marcos, após a confissão de Pedro se inicia o percurso rumo a Jerusalém, marcado pelas predições de Jesus sobre o próprio destino. Nessa seção, a relação entre discípulos e Jesus se torna mais dialética, às vezes até conflituosa (também em Marcos foi assim, mas ali o conflito tornava-se presente de repente, enquanto em Mateus se nota a diferença com a primeira parte). Também Mateus, em essência, propõe o esquema de Marcos: Jesus declara cada vez mais qual será seu destino, dirigindo-se rumo a Jerusalém para realizá-lo e convida os seus a segui-lo pela mesma estrada. Na seção, são descritos numerosos diálogos entre Jesus e os discípulos (com perguntas, pedidos, comentários: cf. 17,10.19; 18,1; 19,10.25.27; 20,20; 21,20; 24,1), entre os quais se destaca o discurso do capítulo 18, que em Marcos está praticamente ausente (cf. Mc 9,42-49). Nele, que apresenta mais uma vez a palavra *ekklēsía* (ou seja, Igreja), reflete-se a preocupação do evangelista com temáticas relativas à vida da comunidade dos discípulos, como comunidade de crentes e irmãos. Os discípulos, de todo modo, se de um lado continuam a seguir Jesus até a paixão, mostram-se às vezes incapazes de compreender qual é o sentido desse caminho e qual é o papel deles no compartilhamento do percurso: "À medida que se aproxima de Jerusalém, seu [de Jesus] conflito com os discípulos se torna progressivamente mais intenso".[2]

Enfim, de modo ainda mais claro que em Marcos, as narrativas pascais e a conclusão do Evangelho mostram a reaproximação entre os discípulos e o Ressuscitado: Mateus, de fato, narra por inteiro o encontro entre Jesus e os seus depois da ressurreição, com o envio missionário a todas as gentes e a promessa de sua presença "até o fim do mundo" (28,16-20).

---

[2] J. D. Kingsbury, *Matteo. Un racconto*, Queriniana, Brescia 1998, 165. De conflito como elemento fundamental de toda a trama mateana fala também U. Luz, que vê os discípulos inseridos nele: "O Evangelho de Mateus narra a história de um conflito. As duas partes em conflito – não no mesmo plano – são Jesus, o Filho de Deus, de um lado, e os chefes judaicos, ou seja, os fariseus, escribas e sumos sacerdotes, do outro. No final desse conflito, estabelece-se uma ruptura; ligada a esse conflito – e nele por assim dizer 'inserida' – é narrada a história da relação de Jesus com seus discípulos" (U. Luz, *Vangelo di Matteo. I. Introduzione. Commento ai cap. 1–7*, Paideia, Brescia 2006, 53).

Os longos discursos

O que mais diferencia a trama mateana da marcana é a presença dos longos discursos de Jesus, voltados sempre aos discípulos e com frequência dedicados a temáticas que dizem respeito a eles: o discurso da montanha (capítulos 5–7) tem como ouvintes os discípulos, ainda que também esteja presente a multidão (cf. 5,1);[3] o discurso "missionário" (capítulo 10) e o "eclesiástico" (capítulo 18) são dedicados inteiramente à missão e à vida deles; somente o discurso parabólico e o escatológico dos capítulos 13 e 24–25 (de resto, muito semelhantes a Marcos, mais do que o são os outros três) não podem ser ligados de maneira exclusiva ao tema do discipulado.

Sem, por ora, adentrar no conteúdo específico (isso será feito mais adiante), deve-se já notar que a inserção dos longos discursos modifica a imagem de Jesus (e por consequência do discípulo) transmitida pelo Evangelho. De fato, muito mais que o de Marcos, o Jesus de Mateus se apresenta como um mestre, que ama e instrui os seus ou as multidões sobre os temas preferidos pela sabedoria e pela narrativa bíblica, sobretudo a Lei e suas aplicações. E o fato de ter colocado no início da atividade de Jesus não tanto suas ações prodigiosas mas, sobretudo, o discurso da montanha revela a clara intenção de Mateus de deixar como

---

[3] Interessante perspectiva de E. Schweizer, que reconhece uma abertura universal dos ouvintes: "No discurso da montanha, temos sem dúvida uma ética para os discípulos. Os ditos sobre os discípulos são aqueles inseridos imediatamente após as bem-aventuranças, e do discípulo se exige uma justiça superior àquela do fariseu. Mas discípulo é qualquer um que se deixa chamar a Deus por Jesus. O discurso da montanha é voltado, portanto, a todo o povo" (E. Schweizer, *Il discorso della montagna (Matteo cap. 5–7)*, Claudiana, Torino 1991, p. 11). Ver também Luz, *La storia di Gesù*, 59-62.

primeira impressão ao leitor exatamente esta: que o Nazareno é em primeiro lugar um mestre novo e com autoridade.[4] Por consequência, os discípulos se tornam, sobretudo, os "verdadeiros" discípulos, ou seja, os destinatários privilegiados do ensinamento de um mestre que discute sobre a Lei e propõe instruções, doutrinas e orações. Sentados ao redor dele (5,1), dispostos entre ele e a multidão, imaginamos os discípulos como encarregados de modo particular a escutar, compreender e transmitir o que Jesus está ensinando.

Discípulos e compreensão do mistério de Jesus

O que permanece das dificuldades e da incompreensão encontrada em Marcos? De um lado, Mateus acolhe o retrato proposto por Marcos inclusive quanto a alguns aspectos negativos mostrados pelos discípulos; do outro, modifica, de modo relevante, o dado herdado do Evangelho mais antigo. Forneço dois exemplos, em ambos os sentidos.

Em primeiro lugar, alguns aspectos da incompreensão dos discípulos, presentes em Marcos, estão ausentes em Mateus. Em geral, pode-se concordar com quem afirmou que "os discípulos na história de Mateus possuem efetivamente o dom da compreensão".[5] É emblemática a conclusão do discurso em parábolas do capítulo treze, onde, à pergunta

---

[4] Também para Marcos Jesus é um mestre novo e com autoridade, desde o começo: é o que diz a multidão em sua primeira aparição pública em Cafarnaum. Todavia, Marcos *não narra* o conteúdo do ensinamento de Jesus, enquanto Mateus o faz, e isso modifica radicalmente a impressão suscitada no leitor: uma coisa é *saber* que Jesus ensina com autoridade, outra é escutar um longo ensinamento seu e *verificar* "pessoalmente" essa afirmação.

[5] Kingsbury, *Matteo*, 161. Ainda mais explícito E. Schweizer, *Matteo e la sua comunità*, Paideia, Brescia 1987, 17: "Em Mateus, os discípulos estão inequivocamente do lado de Jesus".

de Jesus: "Compreendeste todas essas coisas?", os discípulos respondem com um simples: "Sim" (13,51). O paralelo de Marcos, como recordamos, era bem diferente. Ainda mais evidente é a diferença no episódio em que se narra o caminhar sobre as águas (14,22-33). Se comparado com o paralelo de Marcos, revela-se radicalmente diferente exatamente onde se fala dos discípulos: se em Marcos no final eles tinham o coração endurecido e não haviam compreendido (cf. Mc 6,52), em Mateus se jogam aos pés de Jesus e exclamam: "Verdadeiramente, tu és o Filho de Deus!" (Mt 14,33) e tal confissão antecipa, em nome de todos, a que pouco depois repetirá Pedro em Cesareia de Filipe.[6]

Ao mesmo tempo, porém, Mateus não esconde as dificuldades dos discípulos (e nisso é muito mais semelhante a Marcos). Aqui, o tema que se pode apresentar como exemplo é o da "pouca fé". Segundo os estudiosos, Mateus utiliza de maneira consciente a expressão grega *oligopistía* ("pequena/pouca fé") exatamente para descrever a dificuldade dos discípulos em compreender por completo a pessoa de Jesus e, sobretudo, em aderir a seu exigente seguimento.[7]

---

[6] Encontramos uma boa apreciação sintética em Luz, *Matteo. I*, 63: "Os discípulos são, além de Jesus, as figuras mais importantes para os leitores, que com eles se identificam, visto que se consideram eles próprios 'discípulos' de Jesus e o 'seguem'". Assemelhando-se aos discípulos, tornam-se presentes eles próprios à história de Jesus. Os discípulos são o instrumento narrativo mais importante com a ajuda do qual a história mateana de Jesus se torna história 'inclusiva'. No Evangelho de Mateus, os discípulos são caracterizados não – como no de Marcos – como homens incapazes de entender, mas como homens desejosos de aprender e que, graças ao mestre Jesus, chegam a entender (13,13-23.51; 16,12; 17,13)".

[7] O estudo clássico de V. Fusco e mais recentemente o trabalho de M. Cairoli forneceram os elementos necessários para um boa compreensão da problemática.

Mateus utiliza essa expressão pelo menos cinco vezes ao longo do Evangelho, e a refere sempre e somente – exceto a primeira – aos discípulos: durante o discurso da montanha, no qual fala da confiança no Pai, sem se perturbar (6,25-34); no episódio da tempestade (8,23-27); no episódio da caminhada sobre as águas (14,22-33); durante o diálogo com Jesus sobre o pão e o fermento (16,5-12); após a transfiguração, quando os discípulos se revelam incapazes de curar (17,14-20). Pode-se notar também que mesmo no episódio conclusivo do Evangelho Mateus introduz ainda o tema da dúvida dos discípulos diante do Ressuscitado (28,17).

Os discípulos, portanto, segundo Mateus, seguramente têm fé (Mateus jamais diz, como faz Marcos, que eles *não têm* fé). Todavia, não têm (ainda) uma fé completa, a fé deles está com frequência entremeada pela dúvida. Aqui não é possível adentrar no complexo tema da fé. Pode-se, todavia, notar que a repreensão sobre a pouca fé, direcionada aos discípulos, compreende seja a relação deles de confiança com relação a Deus (6,30), seja a relação deles com Jesus (8,26). Nota-se uma perspectiva ampla, que sugere como o discípulo está ligado, em estreita relação, tanto ao Pai quanto a Jesus. Enfim, a última repreensão diz respeito à fé "apostólica", ou seja, ligada à missão que Jesus confiou aos discípulos: a pouca fé, de fato, impede-os de realizar uma cura (17,14-20), mesmo tendo recebido um mandato para isso do próprio Jesus. E é fácil ligar essas observações ao discipulado de todos os tempos: como os primeiros, também

---

Vejam-se: V. Fusco, "L'incredulità del credente: un aspetto dell'ecclesiologia di Matteo", *Parola Spirito e Vita* 17 (1988) 118-142, e M. Cairoli, *La "Poca Fede" nel Vangelo di Matteo. Uno studio esegetico-teologico*, Editrice Pontificio Istituto Biblico, Roma 2005.

os posteriores discípulos de Jesus podem experimentar toda a dificuldade de seguir fielmente o mestre, mas mesmo a pouca fé – sugere Mateus – não é obstáculo insuperável!

O resultado é um retrato complexo, que une traços positivos e negativos. Narrativamente falando, parece que Mateus quer inicialmente favorecer uma aproximação e uma identificação entre discípulos e leitor, destacando seus aspectos positivos. Pouco a pouco, porém, conforme a narrativa prossegue, emerge a dificuldade de os discípulos aderirem ao projeto de Jesus, e este suscita uma reflexão mais prudente no leitor, que vê as falhas desses personagens. Todavia, o final que reconcilia Jesus e os seus se transforma com maior razão em um momento de "consolação" para o leitor, que reconhece a possibilidade de uma superação do limite e de perdão por parte de Jesus: se esses, que fracassaram, foram acolhidos por Jesus, essa é uma possibilidade para todo crente.

Pedro e a Igreja

O Evangelho segundo Mateus é descrito comumente como o Evangelho petrino por excelência. Também em Marcos, na verdade, Pedro assume um papel particular, com frequência associado ao próprio nascimento do segundo Evangelho, tradicionalmente atribuído à pregação romana do apóstolo.[8] No mundo católico, todavia, quando se fala de primado de Pedro, normalmente vem à mente a

---

[8] Cada vez mais grandes estudiosos contemporâneos têm dado crédito à tradição antiga; após os estudos importantes do exegeta alemão M. Hengel, é hoje, sobretudo, R. J. Bauckham quem sustenta a tese da dependência petrina do Evangelho, na convincente obra já mencionada *Gesù e i testimoni oculari*, GBU, Chieti - Roma 2010.

confissão narrada em Mt 16,13-20, talvez a passagem mais explícita de todo o Novo Testamento a esse respeito (é a passagem lida na liturgia para a festa de São Pedro e São Paulo, em 29 de junho). Creio que seja oportuno buscar a fundamentação dessa posição, partindo exatamente desse célebre episódio. São muitas as diferenças entre Mt 16,13-20 e Mc 8,27-30. A primeira, após um início substancialmente idêntico (ambientação em Cesareia de Filipe, primeira pergunta e resposta, segunda pergunta de Jesus), encontramos nas palavras de Pedro, lembradas por Mateus de maneira mais longa e explícita: "Tu és o Cristo, o Filho do Deus vivo" (16,16). Trata-se de uma confissão de fé bem mais comprometedora da trazida por Marcos ("Tu és o Cristo"). Mas a diferença maior está na resposta de Jesus, a qual apenas Mateus, dentre todos os Evangelhos, recorda:

> Bem-aventurado és tu, Simão, filho de Jonas, porque nem carne nem sangue te revelaram isso, mas meu Pai que está nos céus. E eu te digo: tu és Pedro e sobre esta pedra edificarei minha Igreja, e as potências dos infernos não prevalecerão sobre ela. A ti darei as chaves do reino dos céus: tudo o que ligares sobre a terra será ligado nos céus, e tudo o que desligares sobre a terra será desligado nos céus (16,17-19).

Sem poder entrar no amplo debate existente sobre essas expressões,[9] evidenciando somente a impressão geral, que indica de modo claro um papel de todo particular ao primeiro dos chamados, ligado ao futuro da Igreja e inclusive à esfera divina do "reino dos céus". Sem eliminar para o apóstolo a

---

[9] Voltar-se-á sobre a figura de Pedro na última parte do livro (cf. pp. 205-208).

possibilidade da incompreensão do destino de Jesus que em seguida acontecerá (16,23), o elogio de Pedro aqui pronunciado permanece sem igual no Evangelho e faz de Mateus o escrito mais importante para a determinação do papel teológico e eclesial do apóstolo. Para quem lê o Evangelho sem preconceito, as palavras de Jesus deixam pouco espaço para dúvida sobre a importância que o evangelista pretende atribuir ao apóstolo. Não passa despercebido, porém, que, na visão aqui apresentada, a compreensão da identidade divina de Jesus concedida a Pedro permanece essencialmente um dom. Mateus destaca este aspecto, decisivo para o discipulado: a compreensão não é uma conquista ou um mérito, mas é oferta do próprio Deus, conforme fica claro aqui e conforme já afirmado a propósito da compreensão das parábolas, em 13,10.16: "A vós foi dado [...]; bem-aventurados vossos olhos e vossos ouvidos".

Mas a confissão não é o único episódio que Mateus dedica a Pedro de modo particular: há outros dois narrados somente pelo primeiro Evangelho. O primeiro é em 14,22-33 (o caminhar de Jesus sobre as águas): confrontando-o com o paralelo de Marcos, a diferença é patente, porque em Mc 6,45-52 Pedro não aparece. Em Mateus, em vez, a Jesus, que se aproxima do barco, o apóstolo pede para ir caminhando em sua direção sobre o mar; isso lhe é concedido, mas, uma vez ele estando sobre a água, o medo prevalece e, vendo-se afundar, não lhe resta senão invocar a salvação à Jesus. Essa é logo concedida, junto, porém, a uma bela reprovação: "Homem de pouca fé, por que duvidaste?". Também nesse caso Pedro destaca-se no grupo, seja para o bem, seja para o mal, e seu papel é exaltado. Mais adiante, em 17,24-27 – dentro da seção

16,21–20,34, em que são tratadas quase exclusivamente questões da vida comunitária dos discípulos – Pedro é protagonista isolado, junto com Jesus, do episódio da taxa para o Templo. Mais que o gesto conclusivo com que Pedro recupera a moeda, pode-se destacar como os adversários de Jesus, para chegarem a ele, passam por Pedro, ratificando seu papel de primeiro dos apóstolos e de "representante" do próprio Jesus.

Mateus não apresenta uma teologia do primado de modo completo, mas esses breves episódios acenados dão razão ao interesse concedido ao primeiro Evangelho no estudo da doutrina sobre a Igreja no Novo Testamento. Em Mateus, além disso, o interesse por uma comunidade de discípulos na qual começam a se delinear papéis e tarefas de liderança ou de serviço (com os Doze e Pedro) coexiste com a descrição de uma comunhão de vida mais fraterna no capítulo dezoito.[10] As palavras aqui contidas sobre correção fraterna e perdão, e ainda mais sobre a oração em comum (18,19-20: "Se dois de vós sobre a terra concordarem em pedir qualquer coisa, meu Pai que está nos céus vo-la concederá. Porque onde dois ou mais estiverem reunidos em meu nome, eu estarei no meio deles"), mostrando a importância que o primeiro Evangelho atribui ao discipulado compreendido como vida comum, compartilhamento, fraternidade e destacam o papel essencial que a comunidade ganha como veículo da presença de Cristo no tempo. Também o Ressuscitado, além disso, o confirmará, exatamente nas palavras que concluem o Evangelho: "Eis que eu estou convosco todos os dias, até o fim do mundo" (28,20).

---

[10] Schweizer, *Comunità*, 129-140.

José

Além de Pedro, gostaria também de me deter brevemente na figura de José, o esposo de Maria.[11] Sua presença está limitada somente ao Evangelho da infância (além de uma aparição em 13,55), mas aqui a narrativa de Mateus lhe dá uma visibilidade maior da de Maria, e é o único Evangelho em que isso acontece. Talvez seja melhor dizer que Maria e José, juntos, colaboram para o nascimento e para o cuidado da criança: eles estão, de fato, unidos desde a apresentação que os reúne em 1,16, até o final da genealogia inicial: "Jacó gerou José, o esposo de Maria, da qual nasceu Jesus, chamado Cristo". A origem hebraica e davídica de Jesus é assegurada, segundo Mateus, pela figura do esposo de Maria, com a qual se fecha a sequência das gerações. Logo depois (1,18-25), José e Maria são novamente apresentados juntos: primeiro se anuncia a gravidez de Maria, "prometida como esposa a José", depois a cena se concentra em José e o anúncio que ele recebe em sonho. E em Mateus o "Não temas" do anjo dirige-se exatamente para ele, e não para a esposa, como em Lucas. Também as palavras do sonho destacam o papel comum de José e Maria: "Ela dará à luz um filho, e tu o chamarás de Jesus". José, o *homem justo*,[12] obedece prontamente à ordem do Senhor,

---

[11] Uma detalhada e séria análise de Mt 1–2 é oferecida por G. Segalla, *Una storia annunciata. I racconti dell'infanzia in Matteo*, Morcelliana, Brescia 1987, o qual se detém também no papel histórico e teológico de José. Útil também é R. E. Brown - K. P. Donfried - J. A. Fitzmyer - J. Reumann (ed.), *Maria nel Nuovo Testamento*, Cittadella, Assisi 1985.

[12] "A qualificação de José como homem justo (*tsaddik*) vai muito além da decisão daquele momento: oferece um quadro completo de São José e ao mesmo tempo o insere entre as grandes figuras da Antiga Aliança, a começar por Abraão, o justo" (J. Ratzinger - Benedetto XVI, *L'infanzia di Gesù*, Rizzoli - Libreria Editrice Vaticana, Milano - Roma 2012, 49).

e a criança vem à luz, exatamente como anunciado (cf. 1,21 e 1,25). Após um quadro – o episódio dos Magos (2,1-12) – em que José sai momentaneamente de cena, é ainda ele quem conduz, graças às indicações dos sonhos divinos, a criança e a mãe primeiro ao Egito (2,13-18), depois pelo caminho de retorno à terra de Israel e a Nazaré (2,10-23): "Mais uma vez, dá-se um grande destaque à figura de São José. Duas vezes, ele recebe uma ordem em sonho e, nesse momento, aparece de novo como alguém obediente e, além disso, decisivo e sensatamente atuante".[13]

José tem algo a ver com o discipulado? Creio que sim: na apresentação que faz o primeiro Evangelho, ele é modelo de escuta dócil da palavra de Deus, de serena obediência e de justiça. Tem a tarefa especial de proteger fisicamente a criança e a mãe, e nisso é modelo do cuidado do Verbo de Deus que em Lucas assumirá Maria e que permanece, no fundo, tarefa de todo discípulo. Chamado a uma missão única e dificilmente compreensível, descrito em sua inicial e legítima dúvida sobre o que fazer, José responde com obediência (*da fé*, poder-se-ia dizer, ainda que essa palavra não apareça na narrativa), que renova em todo convite posterior do céu. E, longe da figura como simples figurante de um desígnio que lhe era estranho, José assume na narrativa mateana – ainda que discreta – a espessura do verdadeiro discípulo. Enfim, Mateus faz a ligação jurídica com a tradição dos padres, de Abraão em diante, sendo ele o descendente direto do patriarca na genealogia inicial. Também nisso José pode constituir um exemplo a não ser esquecido (convido a ler o discipulado

---

[13] Ibid., 132.

cristão em continuidade e desenvolvimento da história da salvação desejada por Deus com o povo judeu, desde o chamado de Abraão).

O discipulado no ensinamento de Jesus em Mateus

Quanto ao tema do discipulado, conforme afirmado, podemos tirar muitas indicações do primeiro Evangelho, visto que o assunto é ali tratado amplamente. Poder-se-ia certamente partir dos longos discursos de Jesus,[14] mas talvez seja preferível deter-se em uma pequena afirmação do final do capítulo onze, que diz assim: "Vinde a mim, vós todos que estais cansados e oprimidos, e eu vos confortarei. Tomai meu jugo sobre vós e aprendei de mim, que sou manso e humilde de coração, e encontrareis conforto para vossa vida. Meu jugo, de fato, é doce e meu peso leve" (11,28-30). Nessa breve passagem se entrelaçam três elementos essenciais para o discipulado, segundo Mateus: a comunhão com Jesus, consequência do chamado; o discipulado verdadeiro e próprio, ou seja, o aprender do mestre o estilo de vida e os ensinamentos; o repouso da alma, o consequente conforto.[15]

---

[14] "O leitor, que conheceu todos os discursos de Jesus reportados por Mateus, não pode mais duvidar que encontrou ali e que encontrará ainda a carta do ser-discípulo [...]. A narrativa de Jesus tem, assim, uma função essencial: apresentar a própria mensagem de Jesus e qualquer um que é e quer ser seu discípulo [...] e de fornecer ao discípulo uma exposição autorizada do ensinamento e das exigências de seu Mestre" (J.-N. Aletti, *Gesù Cristo: unità del Nuovo Testamento?*, Borla, Roma 1995, 171-172).

[15] L. Sánchez Navarro, *"Venid a mí" (Mt 11,28-30). El discipulado, fondamento de la ética in Mateo*, Publicaciones de la Facultad de Teología San Dámaso, Madrid 2004. Nesse tópico sigo essencialmente a válida exposição do estudioso madrileno.

A comunhão

A comunhão de vida com Jesus é o primeiro elemento fundamental. Jesus mesmo no Evangelho é aquele que chama para si (4,19; 9,9; 19,21) convidando a esse compartilhamento de vida. Trata-se de uma comunhão particular, determinada pela pessoa de Jesus, que é o Deus-conosco, como se afirma sem hesitação no início e no fim do Evangelho, na chamada grande inclusão (1,23 e 28,20). Por isso, Jesus pode pedir a essa comunhão as características especiais do amor exclusivo (10,37 e 19,21.29): deixar tudo por ele, amá-lo mais do que os outros, inclusive os mais próximos. Também a parábola do tesouro e a da pérola (13,44-46) fazem referência à unicidade da comunhão com Jesus, pela qual o discípulo está disposto a deixar qualquer outra coisa (e recebe alegria em abundância). Em outras ocasiões, o pedido do seguimento de Jesus é expresso em termos ainda mais radicais, como no convite a "tomar a própria cruz" e "perder a vida" (10,38-39; retomado em 16,24-25 logo após o anúncio da paixão). Além disso, a comunhão exige, para ser mantida, que o discípulo aprenda a viver a perseverança diante das dificuldades e das perseguições: pode-se ler nesse sentido a última das bem-aventuranças (5,11-12), direcionada àqueles que serão perseguidos, e toda a última parte do discurso missionário (10,17-42), carregado de alusões a um futuro de sofrimento, de acolher sempre "por sua causa" (10,18.22). Já se notou que os discípulos (como em Marcos) se mostram incapazes de perseverar na comunhão no momento da paixão. Mas, como afirmado, Mateus destaca de modo inequívoco o restabelecimento da comunhão por obra da iniciativa de Jesus; a comunhão é algo mais forte inclusive que a renúncia da parte do homem, pois se funda sobre o agir de Deus. Uma última nota diz respeito aos confins dessa comunhão: esta não está limitada à relação com Jesus, e Mateus utiliza explicitamente o termo *irmãos* para indicar os discípulos: irmãos de Jesus em 28,10 e em 12,50, mas – por consequência – irmãos entre si (no sentido eclesial) em 23,8 ("vós sois todos irmãos"); o termo *irmão* aparece também em 5,22-24 (não odiar), 7,3-5 (o cisco e a trave) e 18,15.21.35 (o perdão recíproco), e é uma imagem cara a Mateus, o qual, como afirmado, define o próprio Evangelho em um sentido marcadamente eclesial.[16] Mas, em segundo lugar, não passa batido o fato de que a comunhão com Jesus abre, segundo o primeiro Evangelho, também para a comunhão do Pai e do Espírito Santo. Mateus é o mais explícito entre os sinóticos no destaque da comunhão trinitária: o discipulado está ligado ao Pai em 10,32-33.40 e 11,25-27 (além, naturalmente, de numerosas menções do Pai já a partir do discurso da montanha: 5,16.48; 6,1.4.6.18.26.32; 7,11.21), enquanto o Espírito Santo está *nos discípulos* em 10,20; mas talvez seja no envio que conclui o Evangelho que encontraremos a ligação explícita entre missão do discípulo e comunhão trinitária: "Ide, portanto, e fazei discípulos todos os povos, batizando-os em nome do Pai e do Filho e do Espírito Santo" (28,19).

O discipulado em sentido estrito

O segundo elemento importante do discipulado mateano é o aprender de Jesus, o discipulado em sentido estrito. O

---

[16] Segundo S. Grasso, *Ricominciare dalla fraternità*, Dehoniane, Bologna 1995, 163, "a fraternidade dada por Jesus se torna uma das temáticas características do primeiro Evangelho. Mateus, comparado aos demais sinóticos, é totalmente original ao apresentá-la de um modo articulado".

convite a aprender percorre todo o Evangelho e no final se torna o convite a ensinar e a fazer discípulos (28,19-20). Em que sentido o discípulo aprende de Jesus? O aprender, Mateus nos diz, não é somente um repetir de palavras, mas prevê a implicação de toda a vida: as palavras – afirma--se – são *postas em prática*, afirma a terrível resposta de Jesus: "Nunca vos conheci. Afastai-vos de mim!" (7,21-27). Se voltarmos à passagem de que partimos, encontraremos o mesmo destaque: "Aprendei de mim, que sou manso e humilde de coração" (11,29); aprende-se não uma doutrina mas sim a intimidade com o mestre.

Analisando bem, essa é a síntese de todo o ensinamento de Jesus, desde seu início: as bem-aventuranças com que se abre o discurso da montanha e, por consequência, de toda a pregação de Jesus (5,3-10), direcionada, sobretudo, aos discípulos. Eles não deixam dúvidas sobre a dimensão profunda da vida cristã pedida por Jesus, que deve alcançar o coração do discípulo: como Jesus é humilde *de coração*, assim o discípulo deve ser puro *de coração* (a expressão é idêntica em 5,8 e 11,29). Essa expressão é central em Mateus, onde o coração, segundo a tradição bíblica, indica o lugar mais íntimo da pessoa, sede da relação com Deus, fonte não somente da afetividade, mas também da compreensão (ver 13,15, que cita Is 6,10: "Para que não vejam com os olhos, não escutem com os ouvidos e não compreendam com o coração e não se convertam"), lugar da vida moral (12,33-37 e 15,18) e do perdão (18,35); lugar bíblico originário do amor de Deus (Dt 6,5 citado em 22,37). Além disso, a *humildade* [*de coração*] reivindicada por Jesus em 11,29 é pedida aos discípulos em 18,4 ("aquele que se fizer *pequeno* como esta criancinha, este é o maior no reino dos céus"; a palavra grega é a mesma, *tapeinós*; ver também 23,12); quem segue Jesus, portanto, deve ser como ele. A mesma ligação está presente, finalmente, entre a *mansidão* de Jesus em 11,29 e a beatitude reservada aos *mansos* em 5,8: também nessa caso, o que é louvado no discípulo é uma atitude presente no mestre. Dos elementos mostrados, torna-se clara a importância do aprendizado na descrição do discipulado oferecida pelo primeiro Evangelho, mas, sobretudo, a ligação entre ele e a comunhão com Jesus, que constitui sua verdadeira fonte.

O "conforto"

Enfim, é importante notar também a terceira característica do discipulado emergente da breve passagem do capítulo onze, que guia nossas reflexões. O discipulado, de fato, implica certamente também o chamado ético a assumir as atitudes do mestre, mas é antes disso promessa de bem, como expresso na imagem do *conforto*: "Eu vos darei conforto [...]; encontrareis conforto para vossa vida. Meu jugo é suave, e meu peso leve" (11,28.29-30). Em que consiste esse conforto? Detendo-se nas palavras citadas há pouco (vv. 25-27), o conforto nasce da ligação entre Jesus e o Pai, que ele abre a todo discípulo. Se voltarmos ao discurso da montanha, exatamente na bem-aventurança se revela como a promessa múltipla de Jesus se entrelaça com a visão e filiação divina (5,8-9) e com o reino dos céus (5,3.10): tornar disponível a todo ser humano a comunhão com Deus parece ser o objetivo próprio de Jesus. O conforto prometido aos discípulos é exatamente essa relação com o Pai à qual toda a seção central do discurso da montanha (capítulo 6) fazia referência. Essa relação vertical integra e completa a ideia de discipulado presente em Mateus: a ação de Jesus não somente abriu a relação de comunhão com ele e entre irmãos, mas abriu realmente, como de resto todo o Evangelho proclama do início ao fim, a possibilidade de uma nova relação com Deus. E que Mateus chame isso de *bem-aventurança* e *conforto* destaca a precedência que ele reserva à ação de Deus com relação à resposta do ser humano. A vida boa do discípulo, em outras palavras, não é mérito ou mera conquista humana: exatamente o chamado aos pequenos indica que "o conhecimento de Deus depende de uma revelação gratuita sua, e não de uma conquista de nossa inteligência ou de nossa cultura".[17] A "contabilidade" divina, em outros termos, funciona de modo um pouco especial, como a parábola dos operários na vinha ensina (20,1-15). É acima de tudo dom de graça, gratuitamente recebido. Não por acaso, somente Mateus traz em 10,8 as palavras de Jesus, voltadas aos discípulos no contexto do envio missionário: "De graça recebestes, de graça dais"; ainda que essa graça não exclua a necessária resposta do homem (e quanto a isso a parábola do juízo narrada em 25,31-46 não deixa dúvida).

---

[17] A. Mello, "Gesù maestro secondo Matteo", *Parola Spirito e Vita* 61, 2010, 88.

III

A NARRATIVA DE LUCAS
(LUCAS-ATOS)

A obra do evangelista Lucas compreende tanto o Evangelho quanto o livro dos Atos dos Apóstolos. Considerando a convicção – cada vez maior entre os estudiosos – de que os dois livros devam ser considerados uma única obra em dois tomos, tratá-los-ei aqui conjuntamente.

Já encontramos os Atos na introdução, dada sua importância para a descrição da vida cristã das origens e as tantas informações que nos transmitem sobre o discipulado após a ressurreição. A obra completa de Lucas, portanto, ajuda a entender a passagem entre esse tempo posterior e o, anterior, do Jesus terreno descrito no Evangelho.

O Evangelho segundo Lucas

Também o terceiro Evangelho apresenta um esquema global semelhante ao dos outros dois sinóticos, e a maioria das considerações desenvolvidas por Marcos e Mateus podem ser mantidas também para Lucas. Como já feito com Mateus, portanto, buscarei em particular os pontos que diferenciam Lucas de sua fonte Marcos, para recolher as principais particularidades relativas a nosso tema.[1]

---

[1] Indicações úteis em J. A. Fitzmyer, *Luca teologo. Aspetti del suo insegnamento*, Queriniana, Brescia 1991, 94-114.

Os discípulos de Jesus na trama do Evangelho:
as peculiaridades de Lucas

Uma primeira diferença se encontra exatamente no início do caminho comum de Jesus e dos discípulos: Lucas, de fato, não traz o chamado dos primeiros quatro discípulos como em Marcos e Mateus. Na narrativa lucana, Jesus inicia sozinho sua própria atividade: primeiro em Nazaré (4,16-30), depois em Cafarnaum (4,31-37); aqui ele se dirige também à casa de Simão (sobre o qual não se sabe ainda nada); depois prossegue sua missão em toda a Judeia,[2] sem ter ainda discípulos. Somente no início do capítulo quinto (5,1-11) o Evangelho narra o episódio da vocação dos primeiros seguidores, que, porém – diferentemente de Marcos e Mateus –, está completamente centrado em Pedro (faz-se menção apenas no final a Tiago e João, de Zebedeu) e engloba em si também a narrativa de uma pesca milagrosa (que lembra a narrada em Jo 21). Com relação a Marcos e Mateus, a narrativa destaca de modo explícito a fé de Pedro nos encontros de Jesus (5,5: "Por causa de tuas palavras, lançarei as redes"), unida à surpresa e à humildade de Pedro diante do mestre (5,8: "Senhor, afasta-te de mim, porque sou um pecador"). Segundo Lucas, portanto, o discípulo segue porque confia em seu mestre, mesmo reconhecendo os próprios limites, e abandona conscientemente tudo (no

---

[2] No episódio em que Lucas retoma de Marcos o encontro entre Pedro e os primeiros discípulos com Jesus (cf. Mc 1,35-39), após a oração matutina do mestre, significativamente não se faz menção dos discípulos (que *ainda não existem*), mas é a *multidão* que convida Jesus a permanecer em Cafarnaum (Lc 4,42-44): Lucas, assim, modifica intencionalmente a narrativa de Marcos e posterga o chamado dos primeiros discípulos. Cf. F. Bovon, *Vangelo di Luca. I. Introduzione. Commento a Lc 1,1–9,50*, Paideia, Brescia 2005, 259-260.

fundo, Simão já viu Jesus agindo e inclusive o hospedou em casa) para colocar-se em seu caminho e responder a seu convite decisivo.

Prosseguindo no Evangelho, após uma série de episódios em que não aparecem diferenças substanciais com relação a Marcos e Mateus, também em Lucas chega o momento em que Jesus escolhe os Doze (6,12-16). Com relação aos paralelos sinóticos, são introduzidas duas importantes novidades: a escolha é ambientada em um contexto de oração de Jesus (a oração é um dos grandes motivos típicos de Lucas) e se afirma que foi o próprio Jesus quem deu o nome de *apóstolos* a esse grupo. Como já indicado na introdução, isso depende em grande medida da precisão terminológica que Lucas mostra em sua obra dupla: o termo *apóstolo* (ou seja, "enviado") destaca naturalmente a missão desses homens.

No início do capítulo oitavo, Lucas nos informa que junto com Jesus e os Doze havia também muitas mulheres, que estavam com eles e serviam Jesus (8,1-3). Nessa ocasião, duas são chamadas pelo nome: Maria chamada Madalena e Joana mulher de Cuza. Essa notícia, citada somente por Lucas, é inesperada mas preciosa para nosso conhecimento do discipulado de Jesus. Como veremos melhor na última parte do livro, o serviço exercido pelas mulheres é, de fato, um dos traços próprios do discipulado.

Somente Lucas – no capítulo dez – narra uma segunda missão (após a dos Doze narrada em 9,1-6) confiada por Jesus a setenta e dois discípulos, trazendo também as instruções a ele dadas (10,1-20).[3] A impressão é clara: não

---

[3] Para as questões históricas sobre esse grupo anômalo de discípulos e a relação com as tradições de Marcos e Mateus, pode-se ver Meier, *Un ebreo. III*, 178-179. Também Grasso, "Le varie forme di discepolato", 107-108.

somente os Doze, mas todos os discípulos têm o mandato de anunciar o Evangelho de Jesus, e este é destinado a todos os homens, não somente a Israel (o número setenta e dois pode-se referir ao conjunto das nações da Terra, segundo a compreensão da época). Trata-se de uma passagem importante do terceiro Evangelho que amplia consideravelmente a compreensão dos discípulos que emerge dos sinóticos (a esse grupo – do qual não sabemos mais nada na sequência do Evangelho – voltarei em breve).

Uma bela invocação dos apóstolos no início do capítulo 17 (também citada apenas por Lucas) permite ligar diretamente discipulado e fé. Os Doze, de fato, (estamos em 17,5) pediram ao Senhor: "Aumenta nossa fé!". A resposta de Jesus é anotada também por Mateus ("Se tiverdes fé do tamanho de um grão de mostarda, podereis dizer a esta amoreira: 'Arranca-te e vai plantar-te no mar', e ela vos obedeceria"; cf. Mt 17,20; 21,21); assim, como em todo o Evangelho, a temática da fé perpassa a situação dos discípulos; todavia, é interessante a versão narrada por Lucas. Após ter notado a não fé dos discípulos em Marcos e a pouca fé em Mateus, registramos a posição de Lucas, segundo o qual os discípulos reconhecem mais ativamente sua situação faltante e, com o pedido de Jesus, desejam dar solução ao problema. Além disso, no terceiro Evangelho a temática da fé é particularmente desenvolvida, desde os primeiros capítulos, e não diz respeito somente aos discípulos, mas inclui muitos dos personagens menores que vão ao encontro de Jesus.[4]

---

[4] Sobre a fé de alguns desses personagens, ver o belo ensaio: C. Broccardo, *La fede emarginata. Analisi narrativa di Luca 4–9*, Cittadella, Assisi 2006. Logo após a pergunta dos discípulos em Lc 17,5, um leproso anônimo é louvado porque, apenas ele de um grupo de dez curados, voltou a Jesus e isso é atribuído a sua fé (Lc 17,11-19).

Se prosseguirmos a leitura, outra bela página também presente apenas em Lucas lembra um aspecto importante da ideia que o evangelista tem do discipulado: o serviço humilde e sem pretensões, segundo o claro convite de Jesus: "Quando tiverdes feito tudo o que vos foi ordenado, dizei: 'Somos servos inúteis. Fizemos o que deveríamos ter feito'" (17,10).

No transcorrer do Evangelho, duas diferenças significativas quanto à relação entre Jesus e os discípulos podem ser encontradas ao longo da narrativa da última ceia. Em primeiro lugar, Lucas insere, durante a refeição conclusiva da existência de Jesus, um breve diálogo em que o tema é exatamente o discipulado. A ambientação é particularmente importante e solene (nem Marcos nem Mateus trazem nesse contexto palavras semelhantes). Estamos em 22,24-38 e – após a instituição da eucaristia – o diálogo se concentra no contraste entre grandeza humana e serviço proposto por Jesus, no reino futuro prometido aos Doze, na retomada do envio missionário para anunciar o Evangelho "sem bolsa, nem alforje, nem sandálias". É muito significativo que Lucas insira aqui essas palavras, que assumem o tom de um pequeno testamento e que mantêm – entre todos os possíveis temas – exatamente a natureza e a tarefa do discípulo.

A segunda novidade, durante a ceia, é a palavra reservada a Pedro dentro do diálogo conclusivo em 22,31-32: "Simão, Simão, eis que Satanás buscou-vos para peneirar-vos como o trigo; mas eu roguei por ti, para que tua fé não desfaleça. E tu, quando te converteres, confirma teus irmãos". Em Lucas, está ausente (como em Marcos) a célebre passagem de Mateus sobre o primado (Mt 16,17-19), mas as afirmações citadas aqui, sem naturalmente repetir as palavras de Mateus, veiculam uma mensagem análoga: ao apóstolo é assegurada a solidez da fé e ele terá um papel de confirmação e sustentação para com seus irmãos.[5]

Prosseguindo a narrativa da paixão, a diferença mais evidente no retrato dos discípulos é a falta, em Lucas, dos traços mais negativos presentes em Mateus e Marcos. De fato, na narrativa de Lucas não se diz que os discípulos fogem todos no momento da prisão; em vez, afirma-se que, de longe, assistiram à crucificação (23,49). Somente em Lucas, depois, Jesus cura a ferida da orelha do servo do sumo sacerdote, provocada por um discípulo (22,51), e somente em Lucas, após a negação, a Pedro perturbado por sua fraqueza é oferecido o olhar compassivo de Jesus (22,61).

Enfim, passando às narrativas de ressurreição, deve-se em primeiro lugar recordar o episódio de Emaús, reportado somente no terceiro Evangelho. Ele diz respeito a dois do grupo dos "Onze e todos os outros" (24,9) que havia recebido o anúncio do túmulo vazio feito pelas mulheres. Podemos chamá-los de discípulos, no sentido amplo próprio de Lucas, ainda que não façam parte do círculo restrito dos Doze (cf. 24,18: um deles se chama Cléofas). Dada a importância da narrativa de Emaús dentro da obra lucana, é preciso evidenciar como a primeira aparição do Ressuscitado é reservada a esses dois personagens menores, não pertencentes ao grupo dos Doze.

---

[5] A narrativa dos Atos confirmará essa impressão, destacando o papel de guia do grupo dos Doze confiado a Pedro.

Além disso, o final de Lucas traz alguns episódios que têm como protagonistas Jesus e os discípulos, e que serão retomados no início do livro dos Atos. Lucas, de fato, está aqui atento para ligar os dois livros, utilizando a técnica narrativa da repetição. No final do Evangelho (24,44-50), Jesus se despede dos discípulos com os últimos ensinamentos e a promessa do dom do alto, e o convite a permanecer em Jerusalém até aquele momento; encerra-se com a ascensão. São os mesmos ingredientes do início dos Atos (At 1,3-11): as instruções de Jesus, a menção de Jerusalém e do Espírito Santo, o convite a ser testemunhas e finalmente a ascensão. Desse modo, com muita precisão, Lucas nos faz entender que a história narrada no Evangelho prossegue ininterruptamente na segunda parte de sua obra: e os discípulos são os protagonistas de ambos os volumes, como veremos em breve.

Um episódio emblemático: o envio dos setenta e dois (Lc 10,1-20)

Desejando retomar a representação dos discípulos em todo o Evangelho, pode-se afirmar que Lucas confirma grande parte da caracterização deles que já encontramos nos sinóticos anteriores. Não me parece, portanto, necessário acrescentar, para o Evangelho, considerações particulares. Todavia, um pequeno episódio permite algumas observações. Já se falou do envio dos setenta e dois, narrado somente por Lucas, que o coloca na parte inicial da longa seção da viagem a Jerusalém, reafirmando a centralidade do tema do discipulado nessa seção.[6] Cito a conclusão do episódio, narrada em 10,17-20:

---

[6] "Jesus aproveita, de fato, a ocasião da viagem para formar seus discípulos, não somente dizendo-lhes como é necessário voltar-se a Deus e como comportar-se

Os setenta e dois ficam repletos de alegria, dizendo: "Senhor, também os demônios se submetem a nós em teu nome". Ele lhes disse: "Vi Satanás cair do céu como um raio. Eis que eu vos dei o poder de caminhar sobre serpentes e escorpiões e sobre toda a potência do inimigo: nada poderá vos causar dano. Entretanto, não vos alegreis porque os demônios se submetem a vós; alegrai-vos, sobretudo, porque vossos nomes estão escritos nos céus".

Somente Lucas, entre os Evangelhos, cita palavras semelhantes. A missão dos setenta e dois reforça, na verdade, a dos Doze narrada pouco antes (9,1-6.10-11), que foi contada, quase nos mesmos termos, também por Marcos (Mc 6,7-12.30-32). Mas sua conclusão, com o diálogo entre os missionários e Jesus, é própria de Lucas e não tem paralelos, assim como a afirmação final: "Vossos nomes estão escritos nos céus". O mandato aos setenta e dois discípulos – como já afirmado, um número que vai claramente além do que falam os demais Evangelhos – mostra uma concepção ampla de discipulado. Bem a eles Jesus dirige instruções mais amplas e de conteúdo diferente com relação ao fornecido aos Doze um pouco antes. Também a tarefa atribuída é diferente: se para os Doze (como em Marcos) se trata de "anunciar o reino de Deus e curar os enfermos" (9,2), Jesus, em vez, envia os setenta e dois "de

---

com os outros, mas também lhes revelando os mistérios do Reino [...]. Antes da confissão de Pedro, em particular em Lc 6, Jesus já havia expressado o que se esperava de um discípulo. O aspecto novo desses capítulos é dado pelo fato de que Jesus descreve agora o que deve ser e fazer o discípulo referindo-se a seu próprio itinerário" (Aletti, *Il Gesù di Luca*, 129-130).

dois em dois a sua frente em toda cidade e lugar aonde estava para ir" (10,1). Segundo essa afirmação, o discípulo, em sentido mais amplo, não é tanto quem substitui Jesus, mas mais quem lhe prepara o caminho: ele anuncia que "o reino de Deus está próximo", e a proximidade é, de fato, a iminente chegada de Jesus após seus anunciadores. De todo modo, Jesus aplica aos setenta e dois a decisiva afirmação sobre a identidade entre quem envia, quem é enviado e o Pai: "Quem os escuta a mim escuta, que vos despreza a mim despreza. E quem me despreza, despreza aquele que me enviou" (10,16).

Mas voltemos às palavras conclusivas citadas acima: em que consiste a recompensa do discípulo? Na alegria, segundo o que cita Lucas: os setenta e dois, de fato, ficam "repletos de alegria". Mas qual é a causa disso? O "sucesso" na missão, parecem dizer os discípulos. O Senhor, em vez, os leva avaliar de modo diferente a experiência que tiveram: a alegria que eles experimentam nasce, sobretudo – diz Jesus –, da própria origem da missão, ou seja, de seus nomes estarem "escritos nos céus". O sucesso, inclusive o mais glamoroso (*expulsar os demônios!*), não é suficiente para encher o coração do discípulo. Somente a relação com Deus – eis o que significa "que os nomes estão escritos" – pode ser suficiente:

> O que os alegra, que deve alegrá-los, segundo o versículo 20, não é a euforia sedutora da vitória, mas a certeza inabalável de ser amados por Deus. Dizer que nossos nomes estão escritos nos céus (ou no livro da vida, Ap 3,5) é crer que somente a memória de Deus assegura a continuidade de nossa vida até a eternidade. Dessa

convicção, fonte de alegria, façamos o objeto de nossa esperança contra toda desesperança (Rm 4,18).[7]

Trata-se de uma passagem decisiva para compreender a origem da missão do discípulo de todos os tempos: a satisfação pelo chamado e a alegria que dele emana não derivam jamais do triunfo verdadeiro ou presumido. É a ligação com o Pai – por meio de Jesus – que constitui o fundamento dessa bem-aventurança. Jesus afirma isso logo depois, quando, "exultando no Espírito Santo", *dá* graças a Deus porque revelou seu mistério aos pequenos (aliás, àqueles discípulos), que se tornam, por isso, "bem--aventurados" quando conseguem ver e escutar (10,21-22). E eles veem e escutam-no, ele que abre a relação com o Pai: eis a alegria. Nessa pequena página, Lucas ensina, assim, ao discípulo de todos os tempos, o segredo de seu chamado e missão.

Maria

Quanto ao terceiro Evangelho, é necessário deter-se na figura de Maria. Conforme se indicou, os Evangelhos são comumente muito parcos de palavras e de episódios sobre a mãe do Senhor. É Lucas que, nos primeiros dois capítulos do Evangelho (dedicados à infância de Jesus), faz de Maria a principal protagonista. São capítulos narrados com grande cuidado, nos quais o evangelista constrói a narrativa desenvolvendo alguns quadros consecutivos e entrelaçados entre si. O primeiro é dedicado ao anúncio

---

[7] F. Bovon, *Vangelo di Luca. Volume 2. Commento a Lc 9,51-19,27*, Paideia, Brescia 2007, 78.

divino a Zacarias no Templo (1,5-25); logo depois Lucas descreve o episódio do segundo anúncio do anjo, no qual Maria – que entra em cena aqui – é acolhida em seu "sim" ao plano divino, pelo qual deverá conceber um filho, que chamará de Jesus (1,26-38). Esses primeiros dois quadros, paralelos no conteúdo, entrelaçam-se no episódio seguinte da visitação (1,39-45), no qual as duas mães e as duas crianças se encontram. Como já se intuía desde o início, o bebê é levado no colo por Maria para ser destinado a grandes coisas e essa proeminência justifica as esplêndidas palavras do *Magnificat* pronunciado por Maria na ocasião (1,46-56). No quarto quadro, Lucas volta a considerar Zacarias e o pequeno João que nasce (1,57-80), para destinar o último à descrição do nascimento de Jesus (2,1-20). Aqui, a figura de Maria desponta em toda a sua grandeza, assim como nos episódios seguintes da apresentação no Templo de Jerusalém e da peregrinação ocorrida no décimo segundo ano de vida de Jesus (2,21-52). No restante do Evangelho, em vez, fala-se da "mãe de Jesus" somente no capítulo oito (8,19-21), e aqui Lucas está significativamente mais próximo à discrição de Maria típica de todos os Evangelhos. Não se deve, porém, esquecer do retorno de Maria no início dos Atos dos Apóstolos, onde se narra sua presença junto ao grupo dos Onze, às outras mulheres e aos parentes de Jesus, em Jerusalém, perseverantes e unânimes na oração (At 1,14).

Podemos apresentar a mesma pergunta que emergiu quando tratamos de José em Mateus: Maria é um modelo de discipulado? Segundo o evangelista, não resta dúvida que sim: as atitudes que dela descreve, também na excepcionalidade do episódio que lhe diz respeito, são atitudes que todo discípulo pode e deve tornar suas, como está claro em At 1,14, onde Maria compartilha a vida do grupo mais estreito dos discípulos de Jesus. No Evangelho, portanto, a primeira cena que se refere a ela (1,26-38) é narrada como uma típica cena de vocação: aproximação do Senhor e assombro, confirmação do anjo, diálogo e resposta. Os sentimentos mostrados por Maria são o assombro, as interrogações (o que significa isso? como acontecerá?) e, enfim, a adesão confiante.[8] Na solícita viagem até Isabel, pode-se ver uma atitude de serviço, própria do discípulo. Também o *Magnificat* – que naturalmente reflete a unicidade da tarefa de Maria na história da salvação – é, porém, sobretudo, um hino à humildade do discípulo e à grandeza de Deus: palavras que todo crente pode subscrever e recitar. Nas narrativas do nascimento e da infância, enfim (2,1-52), Maria é aquela que: acolhe e medita no coração (2,19), surpreende-se com as palavras de Simeão (2,33), recebe o anúncio de graves sofrimentos (2,35), novamente se surpreende e não compreende o agir de Jesus aos doze anos (2,48-50). O quadro que emerge é de uma mulher humilde mas forte, mulher de fé, que vive o temor e o tremor de um evento inesperado, mas está pronta a dizer seu sim. Maria é a mulher que conserva em seu coração o mistério que lhe é dado viver, "fiel ouvinte da palavra",[9] atenta a olhar e cuidar do pequeno Jesus e a ensinar a todo

---

[8] "Para cumprir seu desígnio, Deus escolhe a finitude e a insignificância humanas, aqui uma jovenzinha de aproximadamente doze anos (1,27) [...]. Mas a fraqueza dos meios não é fraqueza da pessoa: Maria tem uma força interior e uma fé extraordinária" (Bovon, *Luca. I*, 95).

[9] Brown - Donfried - Fitzmyer - Reumann (ed.), *Maria*, 309.

cristão a primeira atitude diante do mistério: o assombro.[10] Trata-se de atitudes e sentimentos que – descritos em Maria – fazem parte do modo de ser de todo discípulo que entra em contato com o mistério de Jesus. Também os Doze e os demais discípulos experimentarão assombro e incompreensão, meditarão e terão dúvidas, partilhando as alegrias e os sofrimentos de Jesus: a mãe do Senhor entra a pleno título no grupo daqueles sobre quem Lucas narra para ensinar o que significa seguir Jesus.

Quanto ao Evangelho, é possível concluir aqui nossas observações. Mas isso não vale para a ideia lucana de discipulado, pois a presença da segunda parte da obra permite ao evangelista remeter aos Atos muitas afirmações relativas aos discípulos, que agora é preciso abordar.

Os Atos dos Apóstolos

O livro dos Atos dos Apóstolos tem um papel todo particular para o tema do discipulado. E isso não somente pelo que ele narra acerca da primeira comunidade cristã, mas, sobretudo, pela própria existência dos Atos, a qual é significativa para a ideia que Lucas tem do seguimento de Jesus.

---

[10] Assim dela fala Agostinho, comentando Mt 12,49-50 e Lc 11,27: "Será que não fez a vontade do Pai a Virgem Maria, que creu em virtude da fé, concebeu em virtude da fé, foi escolhida como aquela da qual deveria nascer nossa salvação entre os homens, foi criada por Cristo, antes que nela Cristo fosse criado? Fez, sim, certamente fez a vontade do Pai […]. *Conta mais para Maria ter sido discípula de Cristo, que ter sido mãe de Cristo.* Repitamos: foi para ela dignidade maior e felicidade maior ter sido discípula de Cristo que ter sido mãe de Cristo […]. Também por isso Maria é bem-aventurada, porque escolheu a palavra de Deus e a observou" (*Discorso inedito* 25,7-8: PL 46, 937-938).

Uma história que continua

De fato, que Lucas tenha tido uma necessidade teológica de narrar também as atitudes da primeira comunidade, indo além do que haviam feito Marcos e Mateus, mostra que de acordo com o terceiro evangelista não é possível separar a história de Jesus da história de sua comunidade. Assim se expressa J.-N. Aletti:

> O fato de que Lucas queria prolongar o III evangelho explica, enfim, que, para ele, narrar Jesus Cristo, "tudo o que ele disse e fez", significa seguir o caminho de sua presença a partir da comunidade que a ele faz referência [...]. Narrar Jesus Cristo não é senão narrar a história que ele gerou, suscitou, e que reverbera da memória dele, que vive da vida dele.[11]

Em outros termos, Lucas considera necessário prosseguir a história de Jesus já narrada no Evangelho. Até porque – e isso Lucas, o "historiador" entre os evangelistas, o sabe bem – a narrativa evangélica pôde surgir somente porque alguém, antes dele, já havia recebido e transmitido, anunciando-a, a fé em Jesus (cf. Lc 1,1-4). Trata-se exatamente dos discípulos, de todos aqueles que encontraram e seguiram o Senhor, difundindo seu anúncio. Lucas, com os Atos, mostra, assim, também *como* a boa notícia do Evangelho se difundiu desde o início. Naturalmente, todos os Evangelhos exigem a existência dos discípulos, testemunhas dos eventos narrados, mas nestes as testemunhas permanecem

---

[11] J.-N. Aletti, *L'arte di raccontare Gesù Cristo. La scrittura narrativa del vangelo di Luca*, Queriniana, Brescia 1991, 184.

limitadas "deste lado" da história, como narradores e não como protagonistas explícitos do anúncio, como acontece nos Atos.[12]

Um segundo aspecto relevante que emerge da dupla narrativa lucana é a continuidade, quanto aos protagonistas, entre o Evangelho e os Atos. Ainda que em seguida outros e novos seguidores tenham ganhado preponderância no livro (como Estêvão, Filipe e, sobretudo, Paulo), são os Doze que dão início ao período após Jesus. E Lucas, na escolha dos episódios com que se iniciam os Atos, destaca exatamente essa ligação. Já se falou da retomada, em At 1,1-11, do final do Evangelho. Prosseguindo, Lucas descreve o grupo dos Onze com as mulheres, repetindo, aliás, todos os nomes (1,12-14). E, ainda, a primeira ação dos Onze é a escolha de Matias para o lugar de Judas (1,13-26); nas palavras de Pedro, surge a necessidade de reintegrar o número doze (de forte simbolismo bíblico), mas se destaca também que a escolha deve recair sobre um daqueles que "estiveram conosco durante todo o tempo no qual o Senhor Jesus viveu entre nós, começando do batismo de João até o dia em que ele foi elevado aos céus estando no meio de nós" (1,21-22). Para ser "testemunha da ressurreição" (essa é a tarefa dos Doze segundo 1,22) é, portanto, necessário ter estado com Jesus desde o início (e desde o início do Evangelho

---

[12] "Os Atos são a primeira narrativa sobre Jesus: é porque as testemunhas oculares, dignas de crédito, falaram do mestre delas e perguntaram a ele com a força, a convicção da fé deles, manifestando sua presença ativa e salvífica, que a narrativa evangélica de Lucas pôde surgir" (ibid., 183). Reflexões úteis sobre o *testemunho* se encontram também em J.-N. Aletti, *Il racconto come teologia. Studio narrativo del terzo Vangelo e del libro degli Atti degli Apostoli*, Dehoniane, Bologna ²2009, 17-33.

"público": o batismo de João). Lucas não poderia ser mais claro ao indicar a ligação entre discipulado no tempo de Jesus e discipulado no tempo de sua "ausência", o tempo justamente chamado do Espírito ou da Igreja: é possível saber algo do que aconteceu "desde o batismo de João até a ascensão" exatamente porque alguém foi testemunha disso. E, dado que essas testemunhas são os discípulos que estiveram com Jesus desde o início, protagonistas – junto com os demais – dos Atos, surge, assim, a unidade de que falei antes.

A narrativa como teologia do discipulado

O estatuto do discipulado em Atos não surge das palavras de Jesus (como nos discursos presentes, sobretudo, em Mateus e Lucas), mas – mais uma vez – da própria narrativa. Lucas, em Atos, não *diz* como se deve comportar um bom discípulo; Lucas *narra* a atitude dos discípulos. O que é narrado se torna exemplar para o leitor, que, *vendo* a ação de Pedro, João, Filipe, Estêvão, Barnabé, Paulo e pouco a pouco todos os demais, compreende o que significa ser um discípulo.[13] Em Atos, portanto, é a própria narrativa que veicula o ensinamento sobre o discipulado, seja porque se trata de verdadeiras narrações (como os milagres realizados por Pedro e João nos primeiros capítulos, ou a atitude de Estêvão e pouco a pouco dos demais), seja porque se trata

---

[13] Ver a obra recente de R. Palazzo, *La figura di Pietro nella narrazione degli Atti degli Apostoli*, Dehoniane, Bologna 2011, 31-44, que justifica do ponto de vista metodológico a escolha de considerar Atos uma autêntica e verdadeira "narrativa" com base na qual se pode ler a figura dos apóstolos, em particular Pedro.

dos célebres comentários narrativos (sumários) em que Lucas descreve a vida da comunidade primitiva.[14]

Por esse motivo, creio que seja bom repercorrer, ainda que de modo muito rápido, o caminho de Atos. As primeiras páginas se ligam, como afirmado, ao fim do Evangelho. O grupo dos Onze, a quem o Jesus ressuscitado havia aparecido, está unido e perseverante na espera do Espírito Santo e liderado por Pedro escolhe Matias como substituto de Judas (1,15-26). A espera é interrompida pelo acontecimento do dia de Pentecostes, que torna os Doze anunciadores da ressurreição; em particular, é Pedro que se encarrega do primeiro longo discurso que o livro cita (2,14-36; os discursos em Atos ocupam cerca de um terço do livro). Enquanto a comunidade cresce, Pedro e João realizam, como fez o mestre, um milagre de cura, ocasião para um segundo discurso ao povo, mas também para a prisão de ambos, aos quais, porém, se permite que falem diante do Sinédrio (3,1–4,31). Nesse meio tempo, a vida da comunidade é escrita com breves traços, seja através de sumários (aqui em 4,32-35), seja através de alguns episódios paradigmáticos, como o de Barnabé, Ananias e Safira sobre a partilha dos bens (4,36–5,11). Mas também é descrita em suas dificuldades e em seu desenvolvimento, a partir da necessidade de instituir um grupo de sete "diáconos" para o serviço de caridade (6,1-7); após Matias e Barnabé, continuam a aparecer pessoas novas, desconhecidas do leitor do Evangelho, sinal da difusão rápida e eficaz do anúncio

---

[14] Sobre os sumários, ver G. Rossé, *Atti degli Apostoli. Introduzione, traduzione e commento*, San Paolo, Cinisello Balsamo 2010, 55. Trata-se de breves passagens (em particular: 2,42-47; 4,32-35; 5,12-16) em que Lucas sintetiza a vida e as características da primeira comunidade dos discípulos.

apostólico. Entre os sete se destacam em primeiro lugar Estêvão, do qual se narra a morte com seu longo e belo discurso (6,8–8,3), depois Filipe, anunciador na Samaria (8,4-40). Nesse ponto começa a surgir a figura de Saulo, inicialmente como espectador culpado pelo martírio de Estêvão (8,1-3), depois como perseguidor e enfim convertido em Damasco (9,1-30). Após um período de sombra, volta a ser protagonista da narrativa Pedro, também ele anunciador e responsável por prodígios fora de Jerusalém, mas, sobretudo, enviado pelo próprio Senhor para abrir as portas da mensagem de Cristo também aos pagãos não judeus (9,32–11,18). A difusão da Igreja não se estagna, também graças a Saulo, que se liga a Barnabé em sua ação missionária (11,19-30). A narrativa volta ainda por um instante a Jerusalém, onde registra uma forte perseguição da Igreja, inclusive com o assassinato de Tiago, o irmão de João, por Herodes (12,1-23), para depois descrever a viagem missionária de Barnabé e Saulo, com a imprevista e importante abertura aos pagãos, que causa tensões em Jerusalém, resolvidas com o encontro de todos os protagonistas e com as decisões dos apóstolos a respeito (13,1–15,35).

Conforme se nota, até agora o principal objetivo dos apóstolos e dos novos anunciadores do Evangelho é levar a mensagem a todo lugar, e o que se narra sobre eles é, sobretudo, sua atividade nesse sentido. Lucas, porém, descreve também algumas características da *Igreja* nascente (ele utiliza explicitamente esse termo em diversas ocasiões: At 5,11; 8,1.3; 9,31; 20,28), não somente em termos positivos e quase ideais (como nos já mencionados sumários), mas também nas controvérsias e nas decisões novas (com relação às problemáticas do Evangelho) que ela deve assumir. Além disso, a narrativa se enriquece com novos protagonistas, também pessoas nunca citadas no Evangelho e que, inclusive, não conheceram Jesus (como Paulo), indicando um inevitável desenvolvimento e ampliação do grupo dos discípulos do Senhor ainda estável no início de Atos. Exatamente nesse ponto da narrativa, com a saída de cena de Pedro, a passagem está completa e o caminho da Igreja não coincide mais com o dos Doze. Não por acaso, o livro dos Atos introduz também uma nova terminologia para falar dos seguidores de Jesus, que são com frequência chamados genericamente de *discípulos*, mas também de modo específico de *cristãos* (a partir de Antioquia: At 11,26) e muito frequentemente de *irmãos*.

A partir de 15,36, o protagonista indiscutível se torna o apóstolo Paulo. Também ele é chamado de *apóstolo*, com Barnabé, em 14,14, ainda que ele não faça parte do grupo dos Doze e comumente Atos utilize, como visto, a expressão *apóstolos* para o grupo histórico ligado a Jesus. Paulo, com base no mandato recebido do Senhor, percorre as estradas do Mediterrâneo para anunciar o Evangelho aos judeus e aos pagãos. É sobre sua figura que se concentra toda a segunda metade do livro, com a narração das sucessivas viagens (15,36–20,38), até o retorno a Jerusalém e Cesareia (capítulos 21–26) e a chegada, após uma viagem rocambolesca esplendidamente narrada (27,1–28,15), a Roma, onde – de modo aparentemente brusco – a narrativa de Atos termina (28,16-31).

Paulo é certamente o discípulo de quem Lucas fala mais delongadamente; sua estatura é única, mas isso não separa o apóstolo das gentes dos demais protagonistas da narrativa. O próprio modo como Lucas relaciona Paulo aos demais discípulos (em particular Pedro) e, por consequência, com os leitores de Atos merece ser aprofundada.

Um mundo de paralelismos

À primeira vista, a ação de Paulo poderia parecer de todo especial, chamado diretamente pelo Senhor e investido de uma missão tão radical como essa de abrir a "porta da fé aos pagãos" (14,27) e de levar o anúncio do Evangelho "até os confins da terra" (1,8), ou seja, Roma. Todavia, na narrativa de Lucas, Paulo não representa somente um personagem não imitável: é possível mostrar como as diferenças entre Paulo e Pedro (com os demais apóstolos) não são tais a ponto de impedir um confronto entre eles. Lucas, antes, narrando sobre Paulo, coloca sua atitude em constante paralelo com a de Pedro. Para ele, os dois principais protagonistas de Atos têm destinos e missões diferentes, mas não contrapostas. A técnica do paralelismo, bem destacada e amplamente utilizada em toda a obra, ajuda o evangelista a destacar os aspectos comuns.[15] E, algo ainda mais importante, ambos são apresentados como realizadores do modelo do próprio Cristo: "Nele [o ciclo de Paulo], Jesus não somente é anunciado, mas está presente como modelo: Pedro e Paulo são *como Jesus*".[16]

---

[15] Cf. Aletti, *Il racconto come teologia*, 71-103. Nos capítulos 1–12, Pedro tem um discurso inaugural e realiza gestos que Paulo "repetirá" nos capítulos 13–28 (ambos realizam uma cura, um exorcismo, têm dois conflitos etc.). As duas atitudes, portanto, são diferentes mas estreitamente ligadas.

[16] Id., *Il Gesù di Luca*, 234.

Essa última afirmação não diz respeito somente a Pedro e Paulo: ainda mais evidente, e importante para manter a unidade entre Evangelho e Atos, são os numerosos paralelismos encontráveis entre a atitude de Jesus e a dos apóstolos. De fato, as curas ou os discursos, as ressurreições ou as perseguições, são todos elementos que aproximam Jesus e os seus, e Lucas é hábil em evidenciar (com diversos recursos literários) a semelhança. Isso vale, sobretudo, para Pedro, a quem Atos dedica um longo ciclo narrativo, mas também é válido para todos os protagonistas.[17] Basta pensar em como é narrada a morte do primeiro discípulo, Estêvão, que, no momento decisivo antes de expirar (At 7,59-60), invoca o perdão do Senhor sobre seus assassinos e se entrega nas mãos de Jesus, exatamente como havia feito seu mestre segundo o Evangelho (Lc 23,34.46). E a diferença mais significativa entre os dois episódios paralelos, o fato de que Estêvão invoca o "Senhor Jesus" enquanto Jesus invocava o "Pai", longe de ser um elemento de distanciamento, destaca a passagem que se realiza, e se deve realizar, entre o Senhor e seus discípulos: a possibilidade do encontro com um Deus que é Pai, segundo Jesus veio anunciar, para os discípulos torna-se possível em Jesus; e como no Evangelho a atitude de Jesus é testemunho do Pai, nos Atos a atitude dos apóstolos é testemunho de Jesus.

---

[17] "Assemelhando-se a seu mestre, Pedro mostra, sobretudo, que este último está mais vivo do que nunca: o agir eficaz dos apóstolos é um testemunho da ressuscitação de Jesus. Viver, para os discípulos, significa viver a própria vida do Ressuscitado, ser animados por seu espírito" (Aletti, *Il Gesù di Luca*, 227). A ligação narrativa entre o Pedro de Lucas e o de Atos é percebida também por Palazzo, *La figura di Pietro*, 119: "O Pedro de Atos, como cabeça, representante e porta-voz dos apóstolos, é preparado pelas coisas que sobre ele são ditas já no Evangelho lucano".

A atitude de Jesus, portanto – diz Lucas – permanece e continua na vida de seus discípulos. Se é assim, todo cristão que se defronta com a narrativa lucana não pode deixar de perguntar-se se e como ele próprio está envolvido na mesma história: como Pedro, Estêvão, Paulo... também eu posso realmente encontrar e testemunhar o Senhor, a fim de viver como ele? Realmente, Atos conduz a reflexões semelhantes, como se pode perceber confrontando os discursos de Pedro (por exemplo, o primeiro, em At 2) com os discursos de Paulo nos capítulos 22 e 26, quando ele narra a própria conversão, vê-se uma passagem importante em seu conteúdo. Pedro, segundo o mandato recebido por Jesus ressuscitado, interpreta à luz das Escrituras o acontecimento de Jesus e anuncia diretamente o que Deus operou no Nazareno; é o agir histórico de Jesus o conteúdo de seu anúncio. Paulo, em vez, fala de seu encontro pessoal e especial com o Senhor, e do que esse encontro causou em sua vida. A mudança é patente: mesmo sem jamais ter encontrado o Senhor, pode-se falar dele e ser sua testemunha, como Paulo. Mas o objeto do testemunho não será mais tanto o acontecimento do Jesus terreno, mas a ação do Jesus ressuscitado sobre a vida da própria testemunha. Paulo, de qualquer modo, é testemunha de si (do que Jesus fez nele, Paulo); sua vida se torna o lugar da boa notícia.[18] Além disso, segundo o próprio Paulo, Jesus "coincide" com seus seguidores, e quem os persegue, a ele persegue: "Eu sou Jesus, o Nazareno, a quem tu persegues" (At 22,8).

---

[18] Para toda esta última parte, ver Aletti, *Il racconto come teologia*, 22-33.

A mensagem de Atos – que, repitamos, não surge de afirmações diretas, mas da *narrativa* – é, portanto, clara: o que acontece aos apóstolos, nos apóstolos e através dos apóstolos é a "repetição" do que aconteceu a Jesus. Tomando emprestadas as palavras de J.-N. Aletti, pode-se chegar, assim, a uma importante conclusão:

> As semelhanças [...] respondem a uma questão essencial, a de uma Igreja que não tem mais a presença visível do Jesus pré-pascal: *sim, o Ressuscitado permanece presente em sua Igreja*, mediante seu Espírito [...]. Longe de afastar-se do caminho certo, os apóstolos e os discípulos manifestam, ao contrário, fielmente, com seu agir e com sua palavra, essa presença salvífica de seu Senhor e Mestre ao mundo inteiro.[19]

Lucas-Atos: considerações conclusivas

É possível tentar agora traçar algumas linhas mestras dentro do pensamento lucano sobre o discipulado, trazendo-as seja do Evangelho seja dos Atos. Na verdade, as afirmações mais importantes já fizemos. O que acrescentar, então? O traço mais claro e caracterizador da concepção lucana do discipulado (que em muitos aspectos é semelhante à de Marcos e Mateus[20]) é a decisão de escrever a continuação do evento de Jesus nos Atos. A dupla pintura de Lucas

---

[19] Ibid., 102-103.

[20] Muito do material comum aos outros sinóticos é tratado do mesmo modo; portanto, subentende uma mesma concepção; por esse motivo – repito – destaquei somente as diferenças e as peculiaridades da obra lucana.

veicula, como visto, suas ideias mestras sobre os discípulos: a continuidade entre a situação de Jesus e a situação de seus seguidores, a ideia de testemunho, as diferenças entre apóstolos e seguidores posteriores, a missão de anunciar o Evangelho como prioritária para todo discípulo. Se Marcos confiou sua mensagem sobre o discipulado em particular à narrativa dos acontecimentos de Jesus e dos seus, e Mateus aos longos discursos do Nazareno, em Lucas-Atos o objetivo de esboçar a figura do discípulo é reservado às histórias dos Doze, de Pedro, João, e depois Estêvão, Filipe, Barnabé, Paulo e tantos outros descritos nos caminhos da evangelização. A estrada do discipulado – para Lucas – se encontra inevitavelmente com o plano divino que quer levar a salvação de Jerusalém até os confins da terra, a estrutura narrativa da obra dupla. Graças primeiro a Jesus e depois ao Espírito Santo, estes homens se encontram novamente envolvidos em uma história maior que não é conduzida por eles, mas da qual se tornam atores necessários. História divina, sem dúvida, segundo o evangelista, em que o verdadeiro protagonista é o Espírito Santo do início ao fim, que intervém dirigindo os eventos mais ou menos em primeira pessoa.[21] Mas, como a expressão "o Espírito Santo e nós" (At 5,32; 15,28) faz ver, também o Espírito Santo – como Jesus – não quer agir sem os discípulos. E o mérito de Lucas é ter sabido narrar essa história divina sem nada tirar da dramaticidade dos acontecimentos humanos envolvidos; os discípulos não são nunca simples executores, fantoches movidos pelo Espírito. Quer se trate de Pedro, que se joga aos pés de Jesus (Lc 5,1-11: o primeiro

---

[21] C. Broccardo, *I Vangeli. Una guida alla lettura*, Carocci, Roma 2009, 110-111.

chamado), quer se trate de Paulo, que mesmo preso continua a acolher, anunciar e ensinar abertamente (At 28,30-31: é a última cena do díptico lucano), os discípulos em Lucas são figuras fascinantes e reais, em que o cristão de qualquer tempo pode se espelhar para encontrar neles a verdade de sua própria missão.

IV

O EVANGELHO SEGUNDO JOÃO

O quarto Evangelho representa, inclusive narrativamente, um mundo à parte. Quem se aproxima de João tendo presentes os sinóticos se dá conta de que o estilo narrativo, a trama, o papel do narrador e a caracterização dos personagens mudaram consideravelmente. Mesmo narrando substancialmente o mesmo acontecimento (também em João a narrativa se desenvolve do encontro entre Jesus e o Batista rumo às aparições do Ressuscitado), o estilo com que o quarto Evangelho narra os acontecimentos é de todo original. Isso vale também para o discipulado. Não são muitas as diferenças de tipo histórico que interessam agora (um exemplo apenas: os primeiros discípulos que Jesus encontra são Simão e os demais pescadores, como dizem Marcos, Mateus e Lucas, ou são André e o outro discípulo, como diz João?), mas mais precisamente a construção do *personagem* dos discípulos dentro da narrativa joanina. Mesmo nesse caso buscarei privilegiar uma metodologia narrativa.

Os discípulos na narrativa joanina

Discípulos, leitor, fé: a narrativa joanina

Um primeiro traço característico do Evangelho é a presença de numerosos personagens significativos, mais que nos sinóticos (Nicodemos, a Samaritana, Maria, Marta e Lázaro etc.); narrativamente, são todos construídos em torno da figura de Jesus e encontram sua consistência na relação com ele. Também os discípulos, que entram em cena (com diálogos ou perguntas) mais frequentemente que nos sinóticos, raramente se relacionam entre si, e todos se relacionam com Jesus. Como disse R. A. Culpepper (o autor que por primeiro utilizou métodos narrativos no estudo do quarto Evangelho), parece quase que João desejava fornecer, com os vários personagens que povoam o Evangelho, um inventário de todas as possíveis respostas que poderiam ser dadas diante da manifestação do Verbo de Deus.[1] Vai-se, portanto, da incredulidade dos judeus até a fé da Samaritana ou do cego de nascença, da hesitação de Nicodemos até a prontidão de Maria, Marta e Lázaro. Dentro desse inventário, os discípulos não ocupam uma única posição; representam, de fato, diferentes respostas a Jesus, ainda que todas estejam implicadas na temática da fé. São descritos desde o começo como aqueles que creem, mas o Evangelho, no capítulo seis, narra também que são os discípulos (todos, exceto os Doze) que não têm fé diante da dureza das palavras do Senhor na Galileia. Com frequência os Doze mostram uma fé incerta, de quem segue Jesus não entendendo profundamente e trazendo consigo muitas perguntas. Por outro lado, é sempre um dos Doze (o discípulo que Jesus ama, figura emblemática do quarto Evangelho) que mostra uma fé exemplar. Como se pode

---

[1] A obra de Culpepper é *Anatomy of the Fourth Gospel. A Study in Literary Design*, Fortress, Philadelphia 1983. Em italiano, a obra mais importante sobre os personagens em João é R. Vignolo, *Personaggi del Quarto Vangelo. Figure della fede in San Giovanni*, Glossa, Milano ²2003, que seguirei amplamente.

notar apenas com essas observações, os discípulos em João têm um papel bem mais complexo que nos sinóticos, onde, por exemplo, faltam seja uma figura totalmente exemplar (ninguém, nem mesmo Pedro – ou, sobretudo, ele – o é), seja a figura dos discípulos que abandonam Jesus durante seu ministério, algo que acontece no capítulo seis de João.

Graças a essa característica, no quarto Evangelho os discípulos se tornam ainda mais importantes para o leitor. Como afirma a teoria narrativa, os personagens de qualquer narrativa provocam uma reação de empatia em quem lê, que é levado a defrontar-se com eles, seja para o bem, seja para o mal. Isso acontece também em João com os discípulos, que se tornam os modelos do crer em Jesus em todas as suas nuanças, e com essa fé todo leitor deve confrontar-se. Eles se inserem, assim, a pleno título no programa narrativo do Evangelho, apresentado explicitamente aos leitores no final da narrativa: "Jesus, na presença de seus discípulos, fez muitos outros sinais que não foram escritos neste livro. Mas eles foram escritos para que creiais que Jesus é o Cristo, o Filho de Deus, e para que, crendo, tenhais a vida em seu nome" (20,30-31; cf. 19,35).

Um início significativo

Dito isso, considero oportuno oferecer um panorâmica de toda a narrativa joanina, como já o fiz para os demais Evangelhos. Com relação aos sinóticos, chama a atenção imediatamente a descrição positiva dos discípulos; em João, os discípulos reconhecem Jesus como Filho de Deus e creem desde o início: nada mais distante do caminho cansativo de (in)compreensão narrado por Marcos! Quando os dois discípulos do Batista seguem Jesus à hora décima e permanecem com ele (1,35-39), o êxito do encontro é a surpreendente afirmação de André ao irmão Simão: "Encontramos o Messias" (1,41). Ainda mais surpreendente é a incondicionada profissão de fé de Natanael, o último dos discípulos que Jesus encontra com frequência no primeiro capítulo: "Rabi, tu és o Filho de Deus, tu és o rei de Israel!" (1,49). De modo totalmente original mas muito eficaz, João descreve o discipulado, sobretudo, (eis sua primeira página!) como um encontro com o Senhor, reconhecido em sua excepcionalidade. Esse é um traço indelével da narrativa joanina, que faz do "habitar com/em" Cristo (aqui, em 1,38-39) um elemento central do ser discípulo, como veremos na análise dos discursos de despedida.[2]

O desenvolvimento do capítulo é significativo: aos dois discípulos que o seguem ao sinal do Batista, Jesus se volta em primeiro lugar com uma pergunta: "O que buscais?". A resposta dos dois introduz o verbo *habitar* ("Mestre, onde moras?") e as palavras de Jesus não refutam o pedido implícito de relação ("Vinde e vede") que é logo aceita e realizada: "Foram, então, e viram onde ele habitava e aquele dia permaneceram com ele" (também o último verbo traduzido como "permaneceram", em grego corresponde ao mesmo verbo *ménō* traduzido antes como "habitar"). Desse *habitar* brota a afirmação de fé, segundo João. O leitor não sabe graças ao que e como os discípulos se uniram, mas entende bem que, diante de Jesus, trata-se exatamente de um problema de fé, de crer. E, podemos acrescentar, a partir de então se torna um problema de testemunho:[3] os discípulos

---

[2] M. Crimella, "Dal maestro alle comunità. Le comunità di Marco, Luca e Giovanni", *Parola Spirito e Vita* 61, 2010, 157.

[3] Ibid., 158.

logo contaram aos outros os encontros que tiveram, compartilhando a própria experiência, conforme imediatamente se narra na sequência do capítulo, onde primeiro André com Simão e depois Filipe nos encontros de Natanael se tornam a mediação para o encontro com Jesus.

Os acontecimentos inaugurais da trama joanina – após esse momento inicial em que Jesus reagrupa em torno de si os primeiros discípulos – se concluem com o episódio de Caná da Galileia (2,1-11), ao qual os discípulos estão presentes (cf. 2,2). O sucesso desse primeiro milagre (ou "sinal") de Jesus, como é afirmado pelo narrador em um de seus inúmeros comentários à narrativa, é que "seus discípulos creram nele" (2,11). Se de um lado a afirmação pode causar espanto, porque já havia sido descrita a fé dos discípulos no capítulo anterior, de outro estamos diante da estratégia narrativa de João, para o qual – como afirmado no início – não existe apenas um tipo de fé e os discípulos mostram seu progressivo aprofundamento do mistério da identidade de Jesus. De todo modo, do ponto de vista narrativo, trata-se de uma novidade importante: ao contrário de Marcos, o Evangelho segundo João não estabelece uma distância narrativa entre os discípulos e o leitor quanto ao conhecimento da pessoa de Jesus! Se nos sinóticos prevalecia a descrição do caminho de compreensão, com frequência sinuoso, completado pelos discípulos diante da progressiva revelação da identidade de Jesus, o quarto Evangelho privilegia uma pedagogia diferente.

O desenvolvimento da trama joanina

A narrativa prossegue com outras diferenças evidentes com relação aos sinóticos: João narra sobre um novo personagem, o judeu Nicodemos, que procura, à noite, por Jesus (3,1-21). Aparecem desde já os discursos, complexos e densos de símbolos, com que Jesus fala de si aos discípulos e aos judeus (3,22-36). Também a mulher da Samaria, protagonista do capítulo quatro, está presente somente em João; em seguida, vêm dois "sinais", que se tornam ocasião de um longo comentário sobre a obra de Jesus (4,46–5,47). Dentro de uma trama bem diferente da sinótica, o papel dos discípulos, após os primeiros dois capítulos, permanece um pouco à sombra, exatamente por causa das demais figuras importantes introduzidas na narrativa. Somente no capítulo seis encontramos os discípulos protagonistas em alguns episódios comuns com os sinóticos (o pão, a barca), ainda que narrados de um modo diferente, em particular pela introdução de longos diálogos. No final do capítulo seis, o Evangelho narra que pela dureza das palavras de Jesus muitos de seus discípulos o abandonam definitivamente, ao passo que somente Pedro e os Doze reafirmam a confiança deles (6,66-71). Uma viagem posterior de Jesus a Jerusalém, ocasião de milagres e pregações, ocupa os capítulos centrais do Evangelho (capítulos 7–12). Como de costume, também nessa seção os milagres, narrados por inteiro, têm um destacado valor simbólico e catequético e os protagonistas se tornam anunciadores da boa notícia, quase discípulos "involuntários" do Senhor (assim acontece com o cego de nascença no capítulo nove, ou com Lázaro no onze), enquanto os discípulos são descritos como os companheiros habituais de Jesus, ainda que essa aproximação não implique necessariamente uma melhor compreensão do destino do mestre (como no diálogo sobre Lázaro em 11,1-16). A característica de João é mencionar pelo nome alguns dos Doze, como Tomé em 11,16 e Filipe e André em 12,21-22.

Com o capítulo treze, João inicia a narrativa da paixão, introduzida pelo longo diálogo com os seus durante e depois da última ceia (capítulos 13–17). Elemento característico do quarto Evangelho, o diálogo é muito importante para o tema do discipulado e do significado que Jesus dá ao seguimento de sua pessoa, antes e depois de sua morte. Os discípulos são protagonistas desde o início desses capítulos, com o lava-pés (13,1-20), e mais uma vez João faz surgirem algumas figuras particulares como interlocutores privilegiados do mestre: Pedro, no início; o discípulo amado, Judas Iscariotes, mas também Tomé, Filipe, Judas não Iscariotes. A última oração de Jesus (capítulo 17) é, enfim, uma invocação ao Pai exatamente pelos discípulos (voltarei mais adiante a estes importantes capítulos). Outras diferenças emergem na segunda parte da narrativa da paixão (capítulos 18–19): os discípulos não fogem nem se perdem; antes, encontramos o discípulo amado aos pés da cruz, junto com as mulheres, com a mãe de Jesus (19,26). Como no discurso de despedida, as palavras que Jesus dirige a ele e à mãe fazem com que o leitor olhe para o futuro, enquanto o narrador, que aqui se identifica com esse discípulo *sui generis* (19,35-37), afirma a validade do próprio testemunho, segundo a constante preocupação do quarto Evangelho de garantir uma efetiva continuidade entre a situação terrena de Jesus e o tempo seguinte da Igreja. Nas narrativas de ressurreição, enfim, mais uma vez João descreve um percurso original, e novamente destaca figuras singulares de discípulos: evidentemente, Tomé, no célebre episódio narrado em 20,19-29; em seguida um grupo de sete discípulos (Simão, Tomé, Natanael, os filhos de Zebedeu e dos discípulos que não são nomeados) no episódio narrado em 21,1-23, que fecha o Evangelho; enfim, focaliza Pedro e o discípulo que Jesus amava, a cujo testemunho veraz o evangelista faz referência novamente para concluir o Evangelho.[4]

Estas breves considerações mostram quanta distância existe entre a caracterização dos discípulos em João e nos sinóticos. Distância, entre parêntesis, que é sinal de riqueza interpretativa: se os Evangelhos se diferenciam entre si, é porque cada um deles nasce como expressão do ponto de vista particular e da compreensão particular da evangelista nos encontros com a experiência de Jesus; e, se a experiência narrada é a mesma, o modo como ela foi vivida e interpretada é necessariamente diferente.

Figuras do discipulado em João

O "discípulo amado"

Em grandes linhas, essa é a descrição joanina dos discípulos. Buscarei agora evidenciar algumas temáticas que me parecem mais interessantes. Partamos do papel do discípulo sem nome que aparece em todo o Evangelho (o chamado "discípulo amado"). Figura extremamente complexa e controversa do quarto Evangelho, que não se pode (e provavelmente não se deve) identificar com certeza com

---

[4] É conhecida a complexa questão histórica a propósito da integridade e da paternidade do quarto Evangelho. Em minha leitura, de tipo narrativo e sincrônico, não me parece necessário enfrentar questões semelhantes. Ainda úteis me parecem as atentas análises de M. Hengel, *La questione giovannea*, Paideia, Brescia 1998.

nenhum dos discípulos conhecidos e nominados de Jesus, esse discípulo encarna do modo mais elevado o ideal do seguidor de Jesus. Sua presença vai do início do Evangelho (os primeiros dois a seguir Jesus são André e o outro discípulo sem nome) até o final, no capítulo vinte e um, ainda que com relativamente poucas citações. Frequentemente em relação com o apóstolo Pedro, é em particular no episódio da ceia que sua proximidade a Jesus ganha destaque. A imagem que João descreve, com sua cabeça sobre o peito do mestre, é quase um ícone de seu apelativo na segunda parte do Evangelho ("o discípulo que Jesus amava" em 13,23; 19,26; 20,2; 21,7.20) e representa seu traço mais característico. Mais que qualquer outro Evangelho, João coloca o amor no coração do discipulado e – como bom narrador – não se contenta em tornar objeto de exortação (nos discursos de despedida de Jesus), mas ajuda o leitor a compreender esse aspecto para ele decisivo *narrando* sobre esse jovem sem nome (e, portanto, mais facilmente identificável com qualquer leitor) e sobre sua relação de especial aproximação a Jesus. Como discípulo do amor, ele não tem comparação no quarto Evangelho.

Mas há outro papel para o discípulo amado: ele é a testemunha por excelência da experiência de Jesus, como afirmado explicitamente em 21,24: "Este é o discípulo que testemunha essas coisas e as escreveu". Novamente, não entro na complexa reconstrução histórica; todavia, está claro que o discípulo amado, comparecendo – é o único – sob a cruz, assume o papel de elemento de união entre o testemunho da experiência terrena de Jesus e sua perseguição na comunidade dos crentes após a ressurreição. Ainda em 21,24, isso é afirmado com muita clareza:

"E nós sabemos que seu testemunho é verdadeiro". Esse "nós" inclui a comunidade que está por trás da elaboração e difusão do quarto Evangelho, que recolhe e difunde seu testemunho.

Tomé

Outra peculiaridade que merece ser mencionada é a caracterização que João realiza de alguns discípulos, com muito mais destaque que os sinóticos; ele é o evangelista que mais descreve figuras singulares dentre os Doze. Em particular, como nota muito bem R. Vignolo – além do discípulo amado, de quem já falei – emerge a figura de Tomé, cujo papel no final do Evangelho é decisivamente interessante para o leitor.[5] Ele, de fato – único ausente na aparição do Ressuscitado aos Onze – encarna para o fiel de todos os tempos (do período posterior à presença do Ressuscitado) a figura da fé pascal em Jesus que se deve necessariamente desenvolver para além da visão imediata. Tomás é chamado a crer sem ver, com base no testemunho daqueles que viram. Nisso, ele se torna para o leitor a figura mais próxima de sua situação,[6] e representa assim uma ponte posterior entre o tempo do Jesus terreno e o tempo da fé pascal; o que Lucas narrou explicitamente, ou seja, a passagem do antes para o depois da Páscoa, João o esboça brevemente através da figura de Tomé, dando a entender que chegou o tempo de crer, ainda que não tendo visto (cf. 20,29).

---

[5] Ver Vignolo, *Personaggi del Quarto Vangelo*, 49-94.

[6] "O leitor é enviado a reconhecer em Tomé uma experiência fundante, normativa e exemplar da própria fé" (ibid., 82).

Os demais personagens joaninos

Devem-se recordar, também, algumas figuras de personagens, muito bem delineadas, que podem ser comparadas aos discípulos mais do que acontece nos sinóticos. Como não considerar discípulos de Jesus, por exemplo, Marta, Maria e Lázaro, aos quais se dedica quase todo um capítulo (11,1-46)? Ou como esquecer o complicado seguimento de Nicodemos, que – mesmo sem expor-se – é mostrado como um seguidor de Jesus do início ao fim (3,1-21; 7,50-52; 19,39-42)?[7] João, portanto, hesita em chamar de discípulo ("mas às escondidas, por medo dos judeus") José de Arimateia, que aparece após a crucificação (19,38). Mas também a Samaritana (4,1-41) ou o cego de nascença (9,1-41) possuem características próprias do discípulo, por sua capacidade de crer em Jesus e de anunciar aos outros com convicção o que lhes aconteceu. Crer e testemunhar são, como já indicado, elementos-chave do papel do discípulo traçado por João.

Enfim, junta-se ao elenco também a figura de Maria, a mãe de Jesus. Ela desempenha no quarto Evangelho um papel específico e diferente dos sinóticos, a começar do fato de que não é mais chamada com seu nome, mas sempre "a mãe de Jesus". Aparece durante o primeiro dos sinais, em Caná (2,1-11) e depois – após uma menção em 6,42 – sob a cruz no célebre episódio com o discípulo amado (19,25-27). Tanto em 2,1-11 quanto em 19,25-27, Maria assume os traços do discípulo,[8] que confia na possibilidade de Jesus realizar o

---

[7] Seu caminho é, para todos os efeitos, um "caminho discipular", segundo Vignolo (ibid., 94).

[8] G. Zevini, "Il discepolo e il discepolato dietro a Cristo nel Vangelo di Giovanni", *Parola Spirito e Vita* 61, 2010, 134-135.

milagre (e inclusive "força a barra") e, sobretudo, que persevera até o final sob a cruz, compartilhando nesse caso o destino do discípulo amado. Exatamente sob a cruz, "Maria, que no episódio de Caná está separada dos discípulos, agora se torna a mãe do discípulo por excelência, e assim se torna ela mesma modelo de fé e de discipulado".[9]

Os temas próprios do discipulado joanino

Discípulos, Escritura, recordação

Conforme indicado, o quarto Evangelho mostra algumas características literárias e narrativas que o distinguem dos sinóticos. Dentro da narrativa, o autor do Evangelho intervém em numerosas ocasiões com seus próprios comentários que exprimem explicitamente um ponto de vista sobre os acontecimentos provenientes do tempo do evangelista, e não da história narrada. Um exemplo esclarecerá bem: enquanto narra a expulsão dos vendedores do templo (2,13-22), o evangelista se insere duas vezes na narrativa: primeiro para nos dizer que "seus discípulos se lembraram que estava escrito: *O zelo por tua casa me devorará*" (2,17), no final para afirmar que "quando foi ressuscitado dos mortos, seus discípulos se lembraram que havia dito isso, e acreditaram na Escritura e na palavra de Jesus". Semelhantes afirmações (totalmente ausentes nos sinóticos) aparecem outras vezes e são uma extraordinária ligação entre o texto e o tempo do leitor. O comentário explícito, de fato, permite ao leitor perceber, por um segundo, a distância do tempo da história

---

[9] Brown - Donfried - Fitzmyer - Reumann (ed.), *Maria*, 312.

narrada e introduz um conteúdo que, partindo da história, atualiza seu significado. Como se viu no exemplo, os discípulos são os protagonistas dos comentários do narrador, e graças e ele assumem um papel duplamente interessante. Em primeiro lugar, eles interpretam a experiência de Jesus à luz da Escritura, *recordaram* a passagem sobre o zelo pela casa do Senhor (cf. Sl 69). Em segundo lugar, tornam-se figuras da fé pascal, crendo, após a ressurreição, na Escritura (ainda!) e na palavra de Jesus, de quem *fizeram recordação*. Escritura, fé e recordação, que o evangelista atribui nessa passagem aos discípulos, são importantes elementos daqueles discursos de despedida que Jesus guardará explicitamente no tempo da Igreja. Em outras palavras, essa janela aberta para o tempo da narrativa ajuda o leitor a perceber a ligação que existe entre a experiência de Jesus e a compreensão, a recordação e a fé que tiveram em seguida seus discípulos, e tem (deveria ter) todo leitor que quer ser, por sua vez, discípulo de Jesus.

Discípulos, amor recíproco, vida no Espírito:
os discursos de despedida

Resta ver como, nas palavras do Senhor, é apresentada a ideia do discipulado; detenho-me somente em alguns traços dos episódios e dos discursos conclusivos citados pelo Evangelho (capítulos 13–17), quase o "testamento" de Jesus, definidos com razão como "uma das maiores composições da literatura religiosa".[10]

O evangelista coloca imediatamente (13,1) toda a narrativa dentro da moldura do amor. Em primeiro lugar,

---

[10] R. E. Brown, *Giovanni*, Cittadella, Assisi 1979, 697.

trata-se do amor de Jesus para com os seus: o amor é a chave hermenêutica para o gesto do lava-pés (13,2-11) e, portanto, para o serviço que é solicitado logo depois a todos os presentes (13,12-20). O gesto de dedicação realizado por Jesus, com o qual João exprime o significado de sua morte, torna-se também o ponto de inflexão entre a vida de Jesus e a vida dos discípulos: o que ele fez – diz o Senhor – é solicitado também a eles: "Eu vos dei um exemplo, para que também vós façais como vos fiz" (13,15). Jesus é o modelo, o exemplo sobre o qual fundamentar a própria vida de discípulo. O amor de Jesus, que se torna amor recíproco, volta no contexto do anúncio da traição e das palavras de despedida que encerram o capítulo, com o mandamento novo colocado na base inclusive do testemunho cristão: "Eu vos dou um novo mandamento: que vos ameis uns aos outros. Como eu vos amei, assim amai também vós uns aos outros. Assim, todos saberão que sois meus discípulos: se tiverdes amor uns pelos outros" (13,34-35). Aqui, pela primeira vez, aparece nas palavras pronunciadas por Jesus nos discursos[11] a palavra *discípulos*, legada ao amor. Amor a Jesus e amor recíproco que se mostra no serviço: este é o traço distintivo do discípulo no primeiro capítulo dos discursos de despedida.

Logo depois, Jesus pede aos seus que creiam em Deus e nele (14,1): eis o tema da fé, condição para reconhecer em Jesus o Pai e para realizar suas obras (14,1-14).[12] Mas

---

[11] Anteriormente, Jesus havia pronunciado a palavra *discípulos* somente em 8,31, onde define como o "verdadeiro discípulo" aquele que "permanece em sua palavra" e "conhece a verdade", e assim é livre. Nota-se grande afinidade com os discursos de despedida.

[12] R. Schnackenburg, *Le parole di commiato di Gesù (Gv. 13–17)*, Paideia, Brescia 1994, 28, nota que aqui é a única vez no Evangelho que se fala de "fé em Deus", à qual os discípulos são remetidos agora que Jesus parte do mundo.

a fé não pode ser desvinculada do amor,[13] que de fato reaparece na última parte do capítulo (14,15-31), onde volta a ser delineado o misterioso enredo de comunhão (mais uma vez o verbo *permanecer*) entre discípulo e Senhor tornado possível pelo dom do Espírito (o Paráclito).[14] O fruto do amor é, portanto, a possibilidade de continuar a permanecer em comunhão com Jesus, porque ele voltará para eles, trazendo consigo também o dom da paz (14,27).

A esplêndida imagem da videira e dos ramos abre o capítulo quinze, dedicado à comunhão entre Jesus e os seus ("permanecei!": é sempre o mesmo verbo, *ménō*), novamente trazendo a rosto do amor (15,1-17). A imagem da vinha permite também que Jesus fale dos frutos do discipulado, assim descritos: "Nisso meu Pai é glorificado: que deis muito fruto e vos torneis meus discípulos" (15,8). Logo depois, voltando ao tema do amor, Jesus utiliza talvez a mais bela expressão para indicar os seus, que agora são seus amigos: "Vós sois meus amigos se fizerem o que vos mando. Não vos chamo mais de servos, porque o servo não sabe o que faz seu patrão; mas vos chamei de amigos" (15,14-15);[15] amizade que nasce da escolha que o próprio Jesus realizou nos encontros com eles, e que compromete a produzir fruto e a ter amor recíproco. Já indicado anteriormente, depois é introduzido na segunda parte do capítulo (15,18–16,4) o tema da relação entre discípulos e mundo: o destino inevitável do discípulo,

---

[13] Zevini, "Il discepolo e il discepolato dietro a Cristo", 131.
[14] Sobre a concepção joanina do Paráclito, ver Brown, *Giovanni*, 1490-1501.
[15] João utiliza somente aqui (por três vezes) a palavra "amigos" para falar de seus discípulos; antes, a expressão foi referida ao amigo do esposo, de modo figurado (3,29), e a Lázaro (11,11).

diz João, é o ódio do mundo. Mas também esse ódio não prevalecerá, porque o Espírito da verdade dará testemunho e permitirá também aos discípulos darem testemunho.

O capítulo dezesseis prossegue com a volta do tema da vinda do Paráclito e do retorno de Jesus, já encontrados (naturalmente, a repetição é sinal da importância desse aspecto para João: o discípulo vive de sua permanente relação com o Senhor, tornada possível pelo envio do Espírito); em particular, faz-se ao longo de todo este capítulo uma releitura do capítulo catorze.[16]

Nas palavras conclusivas dos discursos, a grande oração "sacerdotal" de Jesus (17,1-26), chegamos ao ápice do pensamento joanino sobre os discípulos: o que Jesus pede ao Pai, na última ora, para os seus? Antes de qualquer conteúdo,[17] destaca-se a força com que Jesus considera a união com os discípulos: definidos logo como "aqueles que o Pai lhe deu" (17,2.6.9), eles são aqueles que observaram, sabem, escutaram, creram (17,6-8). Para esses homens, Jesus ora (17,9-11), pedindo ao Pai, sobretudo, que os proteja no mundo e do maligno (17,11-16) e que os torne uma só coisa (17,11.21.22), para que o mundo creia (17,21), vendo a unidade e o amor que eles alcançam graças a Deus (17,22-23). Chama a atenção o fato de que esse pedido não seja somente para os discípulos de então, mas – explicitamente – "também para aqueles que crerão em mim mediante a

---

[16] Schnackenburg, *Le parole di commiato di Gesù*, 57, e Brown, *Giovanni*, 704-715.

[17] Cf. J. Ratzinger - Benedetto XVI, *Gesù di Nazaret. Dall'ingresso in Gerusalemme fino alla risurrezione*, Libreria Editrice Vaticana, Città del Vaticano 2011, 97-118; Bento XVI identifica quatro temáticas principais: a vida eterna, a consagração na verdade, o conhecimento do nome de Deus, a unidade futura dos discípulos.

palavra deles" (17,20): "Esse interesse pelas gerações futuras é especificado nos vv. 20ss. mais do que em qualquer outro lugar antes da ressurreição".[18] O terceiro pedido é que os discípulos sejam "consagrados na verdade", verdade trazida ao mundo através do envio do Filho (17,17-19). Enfim, o último pedido volta aos temas iniciais do capítulo: a participação na glória e na vida de Jesus para que o amor de Deus por Jesus possa ser perfeito neles (17,24-26). O aceno ao amor remete ao início dos discursos, em 13,1. Assim, a esplêndida oração final concentra em poucos versículos os temas mais caros ao Jesus joanino ao que se refere tanto a sua missão quanto à vida de seus discípulos, e reforça a ligação de forte união existente no amor entre Pai, Filho e discípulos.[19] No conjunto, os capítulos 13–17 do Evangelho permanecem para todo discípulo do Senhor uma atestação comovente da grandeza da missão a que é chamado, e da comunhão com Deus, no Espírito, a que a vinda do Verbo na carne lhes deu acesso, enquanto o envio ao serviço e ao amor fraterno representa um dos ápices de todo o testemunho do Novo Testamento sobre o discipulado.

---

[18] Brown, *Giovanni*, 910. "Com esse olhar de Jesus – de modo único nos Evangelhos – a comunidade dos discípulos vai além do momento e se dirige para todos aqueles que 'pela palavra deles creram' (Jo 17,20)" (Ratzinger - Benedetto XVI, *Gesù di Nazaret. Dall'ingresso in Gerusalemme*, 109).

[19] No capítulo dezessete, o Espírito Santo está ausente, ainda que amplamente protagonista dos capítulos imediatamente anteriores, conforme visto.

V

CONCLUSÃO

Como preanunciado, as páginas do Evangelho segundo João têm mostrado uma riqueza toda particular e nos conduziram a explorar aspectos do discipulado desconhecidos (ou pelo menos muito menos evidentes) aos sinóticos.

Mediante uma técnica narrativa própria, com o amplo espaço dado a tantos personagens e a forte ligação entre discípulos e leitor, João pôde narrar o discipulado de Jesus em termos novos: fé, testemunho, amor, serviço, amizade, Espírito, comunhão... Está certo que nenhuma dessas características estava ausente nos sinóticos, mas as páginas joaninas têm uma força particular e deixam a impressão de uma ampliação notável de horizonte. Desse modo, João nos ajuda a enfrentar a passagem seguinte de qualidade a que nos obriga a abordagem às Cartas paulinas, nas quais a temática do discipulado assume uma espessura teológica nova e se exprime de forma e modo ainda não encontrados.

SEGUNDA PARTE

O DISCIPULADO NOS TEXTOS NÃO NARRATIVOS DO NOVO TESTAMENTO

É preciso, agora, adentrar em outro mundo, deixar as narrativas que até então acompanharam nossa pesquisa e explorar as páginas repletas das reflexões com as quais alguns discípulos de Jesus – os autores das Cartas de Paulo, Pedro, João, Tiago, Judas e dos Hebreus e do Apocalipse – enriqueceram o testemunho do Novo Testamento. Não encontraremos mais, portanto, as amplas narrativas dos Evangelhos e dos Atos, mas, sobretudo, reflexões, exortações, profissões de fé e argumentações teológicas.[1]

O frescor e a fragmentariedade das narrativas, a descrição do real das ações – acertadas ou equivocadas, gloriosas ou simples – dos discípulos deixam, portanto, espaço para a profundidade do pensamento teológico sobre o significado do seguimento de Jesus. Todavia, sequer agora encontraremos uma teoria do discipulado: as Cartas, de fato, por sua própria natureza, não são escritos sistemáticos e, quando

---

[1] Como já lembrado no início da primeira parte, a distinção entre textos narrativos e não narrativos do Novo Testamento é apenas aproximativa. Nas Cartas se encontram também seções narrativas (ver, por exemplo, Gl 1,11–2,14), assim como nos Evangelhos ou em Atos há exortações e ensinamentos.

são um pouco mais, como Romanos ou Hebreus, não têm por tema primordial o discipulado.

Nesta segunda parte, portanto, é preciso buscar, dentro das numerosas temáticas que se encontram nos textos não narrativos do Novo Testamento, as seções mais pertinentes a nosso tema, renunciando a uma exposição completa ou exaustiva. Espero que uma fragmentariedade maior não prejudique a clareza da exposição e a possibilidade de compreensão.

I

AS CARTAS DE PAULO

Diante da vastidão e da profundidade do testemunho de Paulo, seria impossível tentar fornecer um olhar complexo e ao mesmo tempo completo do epistolário quanto ao tema do discipulado.[1] A essa dificuldade, acrescenta-se o fato de que – paradoxalmente – os vocábulos *discipulado* e *discípulo* não são jamais utilizados em nenhuma das Cartas de Paulo:[2] ele segue caminhos novos para indicar o seguimento de Jesus; obriga, assim, também nosso percurso a avançar em territórios inexplorados.

Nessa complexa situação, o que considero possível é delinear alguns elementos da concepção paulina da vida cristã, partindo de passagens selecionadas de suas Cartas (não todas), recolhendo as temáticas que me parecem mais características de seu pensamento.[3]

---

[1] Considero no epistolário todas as catorze cartas tradicionalmente atribuídas a Paulo (incluída também a Carta aos Hebreus), mesmo reconhecendo que segundo numerosos estudiosos o epistolário paulino apresenta diferentes graus de autenticidade. Veja-se A. Pitta, *Paolo. La vita, le lettere, il suo Vangelo*, San Paolo, Cinisello Balsamo 1997, 25-30. Do mesmo autor é muito útil também *Sinossi paolina bilingue* (San Paolo, Cinisello Balsamo 2013). A seguir, não farei distinção entre o Paulo autor real e o Paulo autor "tradicional".

[2] M. J. Wilkins, *Following the Master. Discipleship in the steps of Jesus*, Zondervan Publishing House, Grand Rapids 1992, 281-290.

[3] A abordagem seguirá a ordem em que as Cartas aparecem no cânone e não sua (presumida) ordem cronológica de composição.

Carta aos Romanos

Na Carta aos Romanos não se enfrenta diretamente o tema do discipulado nem – como afirmado para todo o epistolário paulino – se fala jamais de discipulado utilizando esse termo. A Carta, de conteúdo eminentemente teológico, ocupa-se, todavia, em algumas importantes passagens, da vida cristã segundo novas perspectivas e com uma terminologia interessante e rica, da qual podem ser tiradas muitas indicações sobre o discipulado. Lembro também que Romanos não é a primeira carta composta por Paulo e apresenta, assim, um estágio mais evoluído de seu pensamento.

Paulo, o discípulo

No primeiro versículo, Paulo se apresenta como "servo de Cristo Jesus, apóstolo por vocação, escolhido para anunciar o Evangelho de Deus" (1,1). Paulo não se define como discípulo, mas nos fornece uma tríade de termos para descrever sua consciência de seguidor de Jesus Cristo: "servo", "apóstolo por vocação" (literalmente: "chamado [como] apóstolo" e "escolhido" (literalmente: "separado"). Que imagem do discípulo surge? Creio que possam ser identificadas algumas interessantes características: em primeiro lugar, é-se discípulo por uma vocação; em segundo lugar, essa vocação apresenta a um serviço definitivo, segunda uma pertença total ("servo") a Cristo; vocação e serviço são para uma missão específica, qual seja, o anúncio do Evangelho ("apóstolo", ou seja, enviado, anunciador/arauto), o que faz do anunciador uma pessoa "segregada" ("escolhido") para esse objetivo.

A ideia de que o discípulo seja um vocacionado é central em Paulo e é desenvolvida de muitas formas.[4] O agente do chamado, não indicado por Paulo, é naturalmente Deus. Ele, de fato, é quem "chama à existência as coisas que não existem" (4,18), mas em particular chama – em Cristo – os homens a uma nova existência. Como logo fica claro em 1,6-7, de fato, todo cristão é objeto desse chamado através de Cristo: "Também vós, chamados por Jesus Cristo [...] santos por vocação" (ver também 1Cor 1,2). A ligação entre chamado e santidade torna-se em 8,28-30 aquela existente entre chamado, justificação e glória: "Aqueles, pois, que predestinou, também os chamou; aqueles que chamou, também os justificou; aqueles que justificou, também os glorificou". Que todos os cristãos devam, sobretudo, sentir-se chamados – que receberam tudo de Deus – fica claro quando são analisadas brevemente outras passagens do epistolário em que Paulo afirma que eles são "chamados com a graça de Cristo" (Gl 1,6.15), "chamados à comunhão com o Filho" (1Cor 1,9), à esperança (Ef 4,4), à paz (1Cor 7,15; Cl 3,15), à liberdade e ao serviço (1Cor 7,22; Gl 5,13), à santificação (1Ts 4,7), à vida eterna (1Tm 6,12). Definitivamente, toda a existência do cristão é dominada pelo chamado recebido por Deus, que não se exaure em um momento do passado, mas continua a determinar toda a vida.

Nesse sentido, o discipulado é também serviço e missão. Essa dimensão do discipulado, que retornará com frequência no epistolário, é retomada nas partes conclusivas da Carta, quando, a partir de 15,14, Paulo volta a falar de si

---

[4] Também a Carta aos Coríntios tem início com a mesma afirmação: "Paulo, chamado a ser apóstolo" (em grego, a frase é, porém, idêntica a Rm 1,1). Cf. H. Schlier, *Riflessioni sul Nuovo Testamento*, Paideia, Brescia ²1976, 285-294.

na peroração final, utilizando os termos "ministro" de Jesus e "ministério sagrado" do Evangelho de Deus (15,16), que requerem (na ideia, mais que no vocabulário) o significado do serviço apostólico como expresso em 1,1. Além disso, Paulo afirma ser objeto de graça da parte de Deus (15,15) e que Deus mesmo agiu por meio dele (15,18) e também recorda sua missão de anunciar o Evangelho, com novos projetos de viagem. Retorna também o termo "serviço" (15,25.31), com o qual o apóstolo indica a missão particular da coleta em favor da Igreja de Jerusalém. O discipulado é, portanto, tudo isso para Paulo. Com uma última consideração: essa missão não é realizada sozinho, mas em comum com tantos irmãos e colaboradores, como as longas e participadas saudações finais (16,1-16) mostram com clareza.

Os diversos nomes do discípulo

Um segundo âmbito de interesse para o tema do discipulado em Romanos é dado pela terminologia com que Paulo indica os seguidores de Jesus.[5] Em 1,13, utiliza o nome "irmãos", que voltará com frequência na Carta; em 1,16 fala de "crente", expressão que dominará os capítulos quatro e dez, e que indica naturalmente (também) o cristão. Ambas as expressões, *irmãos* e *crentes*, são típicas do epistolário paulino e indicam elementos centrais da ideia de discipulado: o crer e a consequente fraternidade que se estabelece entre todos aquele que creem; em uma palavra, a comunhão que nasce da fé. Uma terceira expressão presente na Carta é o apelativo "filhos", que é amplamente utilizado e justificado no capítulo oito. A densa passagem de 8,14-27

---

[5] Wilkins, *Following the Master*, 291-308.

apresenta as consequências da vida segundo o Espírito que caracteriza o cristão (8,1-13) e afirma que quem vive segundo o Espírito é filho de Deus e herdeiro, partícipe de um destino que é descrito, em poucos versículos admiráveis, como de liberdade, glória, esperança. Enfim, em 8,28-30 os cristãos são apresentados como "aqueles que amam a Deus" (sobre eles se afirma também que são "chamados", "predestinados", "justificados" e "glorificados"). Assim, Paulo, que ao falar de si destaca, sobretudo, o serviço e a missão, quando deve nomear outros seguidores de Deus lhes descreve tanto a objetividade de sua vida nova (filhos, irmãos), quanto a resposta pessoal necessária que eles são chamados a dar: o cristão é aquele que crê e ama.

Um exigente "colocar-se à disposição"

Finalmente, continuam sendo indicadores da ideia paulina de discipulado, ainda que sem sistematização, as afirmações presentes na segunda parte da Carta, nos capítulos parenéticos (capítulos 12–15);[6] deles emerge, de fato, uma pequena síntese daquilo que Paulo pede a quem considera um discípulo do Senhor. O elemento central está já na primeira afirmação, o célebre e decisivo apelo a "oferecer os corpos como sacrifício vivo" e a "não conformar-se com este mundo... para discernir a vontade de Deus, aquilo que

---

[6] J.-N. Aletti destaca que não se encontram novidades especiais nas exortações presentes na Carta aos Romanos, que – lembremos disso – não é a *primeira* carta escrita por Paulo: "Quase todas essas instruções são encontráveis nas cartas que o Apóstolo escreveu antes (em particular nas aos Coríntios e aos Gálatas); Paulo se contenta a retomá-la e a desenvolvê-las, limitando-se a destacar, seguindo sua tese principal (Rm 1,16-17), como a fé deve animar o agir cristão" (J.-N. Aletti, *La Lettera ai Romani*. Chiavi di lettura, Borla, Roma 2011, 110).

é bom, que a ele agrada e é perfeito" (12,1-2). Com razão se afirma que esses versículos exprimem "a característica fundamental da vida cristã".[7] Quase querendo recolher em uma única exortação os riquíssimos conteúdos da primeira parte da Carta (capítulos 1–11), em particular a descrição da vida nova no capítulo seis (dada pelo batismo) e a vida no Espírito no capítulo oito, aqui Paulo convida a discernir a vontade de Deus, compreendendo o reconhecimento daquilo que Deus fez e faz para a salvação do homem. O cristão, assim, é chamado a reconhecer a vontade salvífica de Deus e a agir de modo consequente com ela; ele imergiu em uma nova vida e deve orientar a própria existência em virtude deste dom recebido, rumo à plenitude da expectativa na esperança.[8]

É, portanto, em virtude desse apelo inicial e fundamental a "colocar-se à disposição"[9] que consegue o convite à adequada valorização de si, à partilha profunda, como membro do próprio corpo, à caridade, ao serviço, à constância, à perseverança, ao perdão, à paz, à justiça (todos temas que continuam no capítulo doze). No capítulo treze, Paulo pede aos cristãos de Roma a obediência à autoridade, bem como a caridade, o abandono dos comportamentos e das obras das trevas. Muito belo também é o chamado do capítulo catorze de viver a caridade para com os irmãos mais fracos, mantendo-se longe do juízo recíproco e evitando os escândalos na comunidade. Decisivos, enfim, são os primeiros versículos do capítulo quinze (15,1-13), nos quais

---

[7] H. Schlier, *La lettera ai Romani*, Paideia, Brescia 1982, 565.

[8] M. Marcato, *Qual è la volontà di Dio? (Rm 12,2b). Il discernimento cristiano nella lettera ai Romani*, Dehoniane, Bologna 2012, 124-126 e 206-208.

[9] H. Schlier, *La fine del tempo*, Paideia, Brescia 1974, 270-271.

Paulo conclui – de modo resumido – todas as suas buscas com o exemplo e o comportamento do próprio Cristo:

> Cada um de nós busque agradar ao próximo no bem, para edificá-lo. Também Cristo, de fato, não buscou agradar a si mesmo [...]. E o Deus da perseverança e da consolação vos conceda ter uns para com os outros os mesmos sentimentos, segundo o exemplo de Cristo Jesus [...]. Acolhei-vos, portanto, mutuamente como também Cristo vos acolheu (15,2-7).

Desse modo, a parte exortativa da Carta se conclui como havia iniciado (12,1-2), ancorando a motivação do comportamento do cristão diretamente na ação de Deus, manifestada em Jesus Cristo. Para Paulo, em Romanos, não existem motivações secundárias para o agir cristão: este deriva diretamente da salvação recebida e dessa salvação dá testemunho.[10]

Cartas aos Coríntios

Nas Cartas aos Coríntios, desenvolve-se amplamente o tema da identificação, que interessa e intersecciona a temática do discipulado de dois modos diferentes: no sentido do discípulo-Paulo que imita Cristo e na busca de imitação

---

[10] Esses versículos "indicam, além disso, que a vida moral é o efeito da obra de redenção (o "portanto" do v. 12,1 remete à exposição que Paulo fez de seu evangelho em Rm 1–11), e que essa vida deve dar testemunho da potência do evangelho. Toda a seção retoma, assim, de um modo que lhe é próprio, a declaração de 1,16 sobre o evangelho potência de Deus para a salvação de quem crê" (Aletti, *La Lettera ai Romani*, 109). Segundo R. Penna, *Lettera ai Romani. III*, Dehoniane, Bologna 2008, 9-10, está nessa ligação entre fé e amor o sentido da relação entre indicativo e imperativo na Carta.

por parte de Paulo a seus destinatários. O tema na verdade é, sobretudo, transversal no epistolário paulino,[11] mas sua leitura em 1 e 2 Coríntios permite ligá-lo ao tema da caridade recíproca e da imitação a Cristo.[12]

Imitar Paulo, imitar Cristo

Já se indicou o fato de que se deve considerar o próprio Paulo como um modelo de discipulado e muitas passagens do epistolário mostram como ele tinha essa consciência, propondo-se ele próprio como exemplo a ser imitado. Em 1 Coríntios, aparecem duas afirmações claras nesse sentido:

> Poderíeis ter até de mil pedagogos em Cristo, mas com certeza não muitos pais: sou eu que vos gerei em Cristo Jesus mediante o Evangelho. Eu vos rogo, portanto: tornai-vos meus imitadores! Por isso vos mandei Timóteo, que é meu filho caríssimo e fiel no Senhor: ele vos lembrará meu modo de viver em Cristo, como ensino por todos os lugares em cada igreja (4,15-17).
> Tornai-vos meus imitadores, como eu o sou de Cristo (11,1).

Superado o inevitável desconforto causado pela impressão de falta de modéstia nessas palavras, é bom tentar compreender melhor o ensinamento de Paulo lendo as passagens em seu contexto. Toda a seção inicial da Carta

---

[11] Cf. S. E. Fowl, "Imitazione di Paolo, di Cristo", in R. Penna - G. F. Hawthorne - R. P. Martin - D. G. Reid (ed.), *Dizionario di Paolo e delle sue lettere*, San Paolo, Cinisello Balsamo 1999, 837-842; as passagens estudadas no artigo, escolhidas com base no vocabulário, são: 1Cor 4,16; 11,1; Fl 3,17; 1Ts 1,6; 2,14; 2Ts 2,6.9.

[12] F. Manzi, *Paolo Apostolo del risorto. Sfidando le crisi a Corinto*, San Paolo, Cinisello Balsamo 2008.

é dominada pelo escândalo das divisões que reinam em Corinto, que Paulo enfrenta lembrando o próprio ministério naquela cidade e a radicalidade de seu Evangelho da cruz. Somente por força da fé que Paulo testemunhou vivendo e sofrendo em primeira pessoa e de quem é pai para os coríntios, pode-se apresentar como modelo a ser imitado: "Pai": Paulo se define assim para os coríntios. Se essa imagem não é nova, mais incomum é que dela derive não tanto um chamado à obediência, mas mais – aliás – à imitação.[13] E fica claro, do conjunto da exortação, que Paulo não pensa em uma imitação mecânica ou estéril, mas na participação ativa de quem tem um mestre de quem aprender um estilo específico de vida. A própria ideia de imitação pode ser vista, nesse sentido, como particularmente próxima da relação entre mestre e discípulo, não restrita – como de resto não acontece jamais no Novo Testamento – com uma relação de mero ensinamento doutrinal: o mestre é tal se merece ser não só escutado, mas imitado. Enfim, em 4,16-17 seria paradoxal falar de presunção de Paulo, após os versículos (4,9-13), esplêndidos, sobre a fraqueza do apóstolo, colocado por Deus no último lugar, condenado, louco, enfraquecido, desprezado, sofredor, golpeado, vagante, cansado, insultado, perseguido, caluniado, como lixo e refutado por todos...

Na segunda passagem citada antes (11,1) se acrescenta a afirmação de que Paulo mesmo imita Cristo, como já havia sido exposto em 9,1, dentro da passagem em que Paulo apresentava-se como exemplo para resolver a questão dos

---

[13] G. Barbaglio, *La Prima Lettera ai Corinzi*, Dehoniane, Bologna 1995, 245: "É como pai que ele pode se dirigir à comunidade para exortá-la a assumi-lo como modelo". Também destaca isso R. Penna: "'Potreste avere anche diecimila pedagoghi...' (1Cor 4,15). Paolo: maestro o padre?", *Parola Spirito e Vita* 61, 2010, 137-148.

idolotitos (ou seja, das carnes dos animais sacrificados aos ídolos). Em 10,33 e, mesmo, em 11,1 (versículo seguinte), concluindo sua argumentação, o apóstolo volta a pedir a imitação do próprio comportamento para a glória de Deus e em favor de todos os irmãos. Trata-se de uma passagem importante para a compreensão paulina do discipulado, porque – mais uma vez – liga o acontecimento de Cristo ao dos testemunhos: o exemplo a ser imitado é, sobretudo, Cristo, mas a imitação de Cristo se torna possível através do exemplo de seus próprios discípulos. Os coríntios são, assim, chamados a reconhecer o único mestre a seguir através dos mestres humanos.

Também em 2 Coríntios – ainda que sem o vocabulário específico – ocorrem exortações semelhantes. Em diversas passagens, Paulo propõe o exemplo de Cristo como modelo para seus ouvintes: faz referência ao valor de sua morte, no capítulo 5; de seu amor, no capítulo 8; de sua mansidão e doçura, no capítulo 10, de sua fraqueza, no capítulo 13. Igualmente, continua a fazer referência a sua própria experiência pessoal, muitas vezes com veemência, e, se não pede uma imitação direta, como em 1 Coríntios, é claro que a exortação vai na mesma direção. Pense-se na passagem inicial de 1,12-24, em que o apóstolo fala de si e de seu projeto de viagem; no capítulo 3, em que Paulo fala de sua "carta de recomendação"; nos capítulos 4 e 6, sobre as dificuldades do ministério; no surpreendente elogio de si nos capítulos 11 e 12. Em todas essas passagens, pode-se identificar o mesmo pensamento: a existência do discípulo recebe do vivo exemplo dos testemunhos uma orientação própria e deve se modelar, desse modo, segundo a própria existência de Cristo. A cadeia Cristo-Paulo-discípulo atravessa toda a correspondência com os coríntios e permanece um traço distintivo da ideia paulina de discipulado,[14] tanto é que a encontraremos em outras importantes passagens do epistolário.

Discipulado e caridade

O outro elemento interessante presente na correspondência com os coríntios é a ligação entre discípulo e caridade, unida à ideia da identificação com Cristo, também ela tipicamente paulina. Em 2Cor 5,14-17, lemos:

> O amor de Cristo, de fato, nos impulsiona; e sabemos bem que um foi morto por todos e, portanto, todos morremos. E ele foi morto por todos, para que aqueles que vivem não vivam mais para si mesmos, mas para aquele que foi morto e ressuscitado por eles. De modo que não vemos mais ninguém de modo humano; se também conhecemos Cristo de maneira humana, agora não o conhecemos mais assim. Tanto que, se alguém está em Cristo, é uma nova criatura; as coisas antigas passaram; agora tudo é novo.

Na passagem, parte-se do amor de Cristo e se chega à "nova criatura". Graças ao amor de Cristo, o discípulo tem a vida transformada: para indicar essa novidade de vida, Paulo utiliza a linguagem da identificação: "Viver para Cristo". Essa vida para Cristo abre imediatamente à caridade fraterna, em sintonia com a ação daquele que morreu por nós. Parece-me possível identificar uma real

---

[14] "Paulo se situa no centro da cadeia de modelos e de imitadores" (Barbaglio, *La Prima Lettera ai Corinzi*, 504).

unidade entre essas diferentes dimensões do viver cristão: o amor a Deus em Cristo, a identificação com ele, o amor aos irmãos, que é apresentado como tema em 1Cor 13 como parte do discurso sobre os carismas. O cristão é possuído[15] pelo amor de Cristo e é esse o traço fundamental do discipulado; em primeiro lugar, portanto, é um traço pessoal, interior, do cristão, que lhe marca todo o ser em uma mudança radical (e Paulo descreve com frequência essa identificação com Cristo ou "ser nova criatura", como veremos). Mas em sua vertente eclesial, como se diz, isso se manifesta por sua vez ainda como caridade (*agápē*) quanto aos irmãos e à comunidade.[16] Isso vale, sobretudo, para Paulo (que, conforme afirmado, coloca-se como exemplo em primeira pessoa) mas é solicitado por Paulo a cada cristão.

Carta aos Gálatas

Não por acaso, encontramos afirmações muito similares na Carta aos Gálatas. Esta veicula uma mensagem ampla e variegada, querigmática, pneumatológica e eclesial;[17] deter-me-ei somente em dois elementos teológicos principais, tirados de duas passagens contidas nos capítulos 2 e 5:

---

[15] O termo grego utilizado em 2Cor 5,14 é *synéchei*, que possui diferentes significados. Segundo a bela proposta de F. Manzi, "Seconda Lettera ai Corinzi", in B. Maggioni - F. Manzi (ed.), *Lettere di Paolo*, Cittadella, Assisi 2005, 517-518, podemos traduzir: o amor de Cristo *envolve, coenvolve e revolve*.

[16] Válidas e interessantes as argumentações em id., *Paolo*, 7-8, que demonstra a ligação entre fé em Cristo, caridade vivida na partilha e esperança da ressurreição universal.

[17] G. Paximadi, "Lettera ai Galati", in B. Maggioni – F. Manzi (ed.), *Lettere di Paolo*, Cittadella, Assisi 2005, 648-649.

Na verdade, por meio da Lei, eu morri para a Lei, a fim de que eu viva para Deus. Fui crucificado com Cristo, e não sou eu quem vive, mas é Cristo que vive em mim. E essa vida, que vivo no corpo, eu a vivo na fé do Filho de Deus, que me amou e se entregou por mim (2,19-20).

Cristo nos libertou para que sejamos verdadeiramente livres. Portanto, sejam firmes e não se submetam de novo ao jugo da escravidão. Eu, Paulo, declaro: se vocês se fazem circuncidar, Cristo de nada adiantará para vocês. E a todo homem que se faz circuncidar, eu declaro: agora está obrigado a observar toda a Lei. Vocês que buscam a justiça na Lei se desligaram de Cristo e se separaram da graça. Nós, de fato, aguardamos no Espírito a esperança de nos tornarmos justos mediante a fé, porque, em Jesus Cristo, o que conta não é a circuncisão ou a não circuncisão, mas a fé que age por meio do amor (5,1-6).

Viver "em Cristo"

Um primeiro tema é comum às duas passagens: na segunda citação encontramos – no último versículo – a expressão "Em Jesus Cristo", típica e difundida amplamente no epistolário paulino, que é aqui utilizada quase como síntese de toda a existência cristã: o cristão é aquele que vive "em Cristo".[18] Na primeira passagem se encontra a mesma concepção ("essa vida [...] eu a vivo na fé do Filho") completada com a correspondente e lapidar afirmação: "é

---

[18] S. M. Sessa, *Il Gesù di Paolo e il Paolo di Gesù*, San Paolo, Cinisello Balsamo 2009, 277-283. Segundo Schlier, *Riflessioni sul Nuovo Testamento*, 160, é essa a expressão que no Novo Testamento exprime "o conceito de 'existência cristã' [...]. A existência cristã é a existência em Cristo Jesus, no qual Deus é revelado".

Cristo que vive em mim". Em uma síntese extrema emerge uma concepção de vida cristã que podemos indicar com as palavras "identificação" e "pertença".[19] Quem crê em Cristo é "uma coisa só" com Ele, como é dito com uma sugestiva formulação:

> Paulo afirma não ter mais uma mente própria, nem vontade, nem vida, mas que o Cristo nele é tudo. Escreve: *Temos a mente de Cristo* (1Cor 2,16); *Buscai uma prova do Cristo que fala em mim?* (2Cor 13,13); *Acredito que também eu tenha o Espírito de Deus* (1Cor 7,40); *Eu vos amo nas vísceras de Jesus Cristo* (Fl 1,8). A partir dessas passagens, fica claro que ele tinha a mesma vontade de Cristo. Enfim, para retomar tudo, escreve: *Não sou eu quem vive, mas é Cristo que vive em mim* (Gl 2,20).[20]

E, como em outras passagens, o que Paulo afirma aqui para si não fica circunscrito a ele apenas, mas se torna novidade de vida e apelo para todos os crentes: "O que Paulo afirma vale tanto para si quanto para todo cristão; e não faz parte de um momento privilegiado de sua espiritualidade, mas caracteriza toda a vida cristã".[21] A radical afirmação do capítulo 2 se estende aos crentes em 3,27-28: "Vós todos que fostes batizados em Cristo vos revestistes de Cristo. Não há mais judeu ou grego, escravo ou livre, homem ou mulher, pois todos vós sois um só, em Cristo

---

[19] Manzi, *Paolo*, 7: "Se fosse possível exprimir o 'todo' de Paulo no 'fragmento' de apenas uma palavra, esse conceito de identificação com Cristo poderia ser especialmente adequado".

[20] N. Cabasilas, *La vita in Cristo*, Città Nuova, Roma 1994, 187.

[21] A. Pitta, *Lettera ai Galati*, Dehoniane, Bologna 1996, 153.

Jesus".²² Enfim, como visto, se torna exortação no capítulo 5, onde Paulo pede a seus destinatários que reconheçam o envolvimento com Cristo que o batismo e a fé implicam (a "vida nova" já encontrada em Romanos e nas Cartas aos Coríntios), bem como o consequente novo estilo de vida do cristão. E não passa despercebido que em ambas as passagens são retomados dois outros temas centrais do pensamento paulino: a fé e o amor/caridade. De fato, a existência "em Cristo" é uma existência de fé e nasce do amor de Cristo (2,20) para terminar no amor em ação para com os irmãos (5,6).

A liberdade

Uma segunda importante palavra que nos é fornecida pelo capítulo quinto dos Gálatas (cf. 5,13) é *liberdade*, outro tema forte da Carta. Esse aspecto da vida do discípulo não é desenvolvido frequentemente por Paulo, mas com certeza é, para ele, um tema específico (cf. 2Cor 3,17 e Rm 6–8). Em Gálatas, é sustentado pelo longo confronto dos capítulos 3–4 entre os dois filhos de Abraão, nascidos "da escrava e da mulher livre" (4,22), e serve para descrever a condição do cristão, liberto da Lei em virtude da ação de Cristo;²³ dadas as relativas brevidade

---

[22] A ligação com o batismo é decisiva, pois a vida "em Cristo" é, sobretudo, possível pelo sacramento do Espírito, como se vê bem no capítulo 8 da Carta aos Romanos: Cristo "vive de fato em nós mediante o Espírito (Rm 8,9s), em sua presença consentida em nós pelo batismo" (H. Schlier, *La lettera ai Galati*, Paideia, Brescia 1965, 104).

[23] Paximadi, "Lettera ai Galati", 72: "Essa liberdade encontra seu fundamento no ato libertador de Cristo, contemplado em sua realização histórica com um verbo no aoristo: nós *somos* (agora) filhos da liberdade porque Cristo (outrora) *nos libertou*". Cf. Schlier, *La fine del tempo*, 254.

e uniformidade da Carta, isso aparece com força ainda maior. E a liberdade do cristão tem, por assim dizer, duas características: de modo negativo, ela não é ausência de critérios morais ou pretexto para uma vida libertina (5,13). De modo positivo, ela se torna amor operativo (5,6), frequentemente a serviço uns dos outros (5,13). Exatamente nesse ser livres quando se serve no amor[24] está todo o paradoxo da liberdade do cristão.

Desenvolvi apenas algumas cenas, mas creio que elas sejam suficientes para captar a profundidade das reflexões contidas nos Gálatas, que abrem novas perspectivas quanto à fisionomia paulina do discipulado do Senhor.

Carta aos Efésios

Na Carta aos Efésios, o tema do discipulado deságua, pelo menos em um de seus aspectos, no tema da Igreja, que é aqui desenvolvido de maneira ampla (junto com outras temáticas, relativas ao discipulado, já encontradas).[25] Como em Colossenses,[26] aqui Paulo desenvolve a metáfora da Igreja como corpo, do qual Cristo é a cabeça.[27] A temática diz respeito à ideia que Paulo tem do discipulado, visto que o apóstolo extrai de sua visão eclesiológica consequências específicas para a existência cristã. Em particular, em 4,1-16, a

---

[24] Schlier, *La lettera ai Galati*, 251.

[25] Na Carta aos Efésios, volta, por exemplo, o tema do ser "em Cristo" (Ef 1,3-14; 3,17; 4,1-6) ou o apelo à imitação de Deus (Ef 5,1-2).

[26] Cf. Cl 1,18.24; 2,19.

[27] Em Rm 12 e 1Cor 12, estava presente a semelhança entre a Igreja e um corpo; cf. R. Y. K. Fung, "Corpo di Cristo", in R. Penna et alii, *Dizionario di Paolo*, 332-340. Também Schlier, *Riflessioni*, 381-396.

diversidade dos membros do corpo/Igreja se torna chamado à comunhão e convite ao serviço da unidade eclesial. São versículos muito decisivos, nos quais Paulo retoma fortemente o tema, ligando-o ao amor (cf. 4,2.15.16), substantivo que ele em 4,2 acrescenta explicitamente aos três já utilizados em Cl 3,12.[28] Assim, pode-se afirmar que "a parte parenética da Carta não se dirige tanto ao cristão individual para encorajá-lo a uma santidade individual, mas a todos os crentes na consciência de serem Igreja, para exortá-los ao amor e à unidade na caridade".[29] A unidade dos cristãos e sua comunhão de vida dependem, definitivamente, de sua aceitação do mistério de Cristo, que enquanto cabeça garante a coesão do corpo, segundo o desígnio de Deus: "A união dos crentes provém do chamado de Deus".[30]

Em uma segunda passagem interessante (5,22-24), o mistério da relação entre cabeça e membros é o fundamento da relação entre fortes/maridos e fracos/esposas. Pouco depois, em 5,25-33, é o amor de Cristo pela Igreja que é apresentado como exemplo de vida cristã; em ambas as passagens retorna a imagem da relação entre cabeça (Cristo) e corpo (a Igreja).[31] Graças à imagem do corpo, Paulo

---

[28] Ef 4,2 afirma: "Comportai-vos de maneira digna do chamado que recebestes, com toda *humildade*, *doçura* e *magnanimidade*, suportando-vos mutuamente no *amor*"; Cl 3,13 em vez: "Revesti-vos, portanto, dos sentimentos de ternura, de bondade, de *humildade*, de *mansidão*, de *magnanimidade*" (em grego, as palavras traduzidas como *doçura* e *mansidão* correspondem a um único vocábulo). Cf. R. Penna, *La Lettera agli Efesini* (Scritti delle origini cristiane 10), Dehoniane, Bologna 1988, pp. 177-185.

[29] G. Rossé, *Lettera ai Colossesi. Lettera agli Efesini*, Città Nuova, Roma 2001, 134.

[30] A. Martin, *Lettera agli Efesini. Introduzione, traduzione e commento*, San Paolo, Cinisello Balsamo 2011, 64.

[31] Cf. J.-N. Aletti, *Essai sur l'ecclésiologie des Lettres de Saint-Paul*, Gabalda, Pendé 2009, 190-191.

pode colocar em evidência o tema da comunhão. O termo grego *koinōnía*, bem conhecido por Paulo, não aparece nem em Efésios nem em Colossenses. Todavia, na descrição da Igreja presente em Efésios, a ideia da comunhão emerge com força. Na bela passagem de 2,19-22, em que ela é descrita utilizando-se a metáfora da construção ("Edificados juntos para vos tornardes habitação de Deus por meio do Espírito"), emergem as duas componentes fundamentais da comunhão, sua dupla direção. Dos discípulos entre si, de um lado, e com o próprio Cristo, do outro: "O ser cada vez mais plenamente o lugar da presença de Deus é a finalidade para a qual tende toda a Igreja".[32]

Carta aos Filipenses

Na Carta aos Filipenses é desenvolvido de maneira explícita e completa o tema da imitação; ainda que seja um tema já encontrado, vale a pena deter-se ainda nele, porque aqui Paulo o liga diretamente à cristologia.[33]

Os mesmos sentimentos de Cristo

O primeiro texto a respeito, na abertura do célebre hino cristológico, do qual é a introdução, já está muito claro: "Tende em vós os mesmos sentimentos de Cristo Jesus" (2,5): que os cristãos sejam como Jesus! Mais uma vez, o Novo Testamento propõe um discipulado modelado com base na figura e no exemplo do mestre, que é aqui

---

[32] Rossé, *Lettera ai Colossesi. Lettera agli Efesini*, 112.

[33] A. Pitta, *Lettera ai Filippesi. Nuova versione, introduzione e commento*, Paoline, Milano 2010, vê, com razão, no tema da *mímesis* (imitação) o coração teológico e ético da Carta aos Filipenses.

indicado por Paulo como referência direta do agir cristão. E é surpreendente a rapidez com a qual Paulo liga o pedido inicial de caridade, humildade e desinteresse (2,1-4) à descrição do agir salvífico de Cristo, de seu esvaziamento na condição de servo, de sua obediência até a cruz. Nos versículos seguintes, após ter indicado a esperança de poder mandar Timóteo e o envio de Epafrodito (ambos elogiados e citados como exemplo em 2,19-30), segue a longa passagem em que Paulo – como tantas outras vezes – narra a própria experiência e a própria vida, tornando-as um modelo a imitar, como é explicitamente afirmado no final da autoapresentação: "Irmãos, tornai-vos juntos meus imitadores" (3,17). A ligação entre o caso de Cristo descrito em 2,6-11, o exemplo de Timóteo e Epafrodito em 2,19-30, o exemplo de Paulo em 3,4-16 e o apelo à imitação é muito estreita. Em outros termos, os discípulos do Senhor (Paulo, Timóteo e Epafrodito em primeiro lugar) são chamados a modelar seu comportamento com base no de Cristo, que foi "obediente até a morte", e "esvaziou-se a si mesmo, assumindo uma condição de servo, tornando-se semelhante aos homens". Em particular, é forte aqui a correspondência entre o autoelogio de Paulo e o precedente elogio de Cristo;[34] e pode-se evidenciar que o pedido de imitação não tem nada de automático ou de presunçoso, mas nasce da consciência da "vida nova" que Paulo sabe ter recebido em Cristo, "de modo a poder falar de si como de um diferente-de-si e propor-se como modelo para os outros como imagem concreta do próprio Senhor".[35]

---

[34] F. Bianchini, *Lettera ai Filippesi*, San Paolo, Cinisello Balsamo 2010, 68.

[35] Ibid., 81.

A alegria cristã

Um segundo tema específico da Carta é a alegria, esse "fenômeno fundamental da vida cristã".[36] O tema não é novo em Paulo,[37] mas na breve Carta aos Filipenses destaca-se de maneira particular, e é já anunciado nos primeiros versículos, quando Paulo afirma pregar "com alegria" para os irmãos de Filipos (1,4). Inclusive o célebre hino cristológico do segundo capítulo, anteriormente considerado, inicia-se com o apelo a "tornar plena a alegria" de Paulo (2,2). No final do capítulo, pois, Paulo une a alegria ao sacrifício, neste caso o "sacrifício da fé", o sacrifício suportado para anunciar a fé aos filipenses (2,17-18): mesmo na fadiga o apóstolo encontra alegria, e a mesma alegria pede a seus interlocutores. Que de fato o tema seja um pouco o *leitmotiv* se compreende da nova retomada no início do capítulo terceiro, onde o convite a ficar contente retorna como motivo de exórdio:[38] "Quanto ao resto, meus irmãos, alegrai-vos no Senhor" (3,1). Enfim, o mesmo convite ressoa no último capítulo da Carta, ainda mais forte e decisivo: "Alegrai-vos sempre no Senhor, repito: alegrai-vos! Que vossa amabilidade seja percebida por todos. O Senhor está próximo!" (4,5-6). Exatamente esta última afirmação é a causa final da alegria de Paulo e "recomendada" por Paulo aos filipenses:

---

[36] H. Schlier, *La lettera ai Filippesi*, Jaca Book, Milano 1993, 65. Também segundo Pitta, *Lettera ai Filippesi*, 7 a alegria não é somente um sentimento, mas a própria condição do viver cristão.

[37] Em particular, está presente na Segunda Carta aos Coríntios, onde aparece a bela definição do apóstolo como "colaborador de vossa alegria" (2Cor 1,24), afirmação inclusive muito próxima a Fl 1,25.

[38] As diversas expressões *alegria, alegrar-se* e *ficar contente* correspondem a uma única raiz verbal em grego; no texto original, portanto, o motivo retorna sempre reforçado e repetido.

a aproximação do Senhor.[39] Somente dessa fonte emana a alegria cristã, diz Paulo, e ela não diminui sequer na fadiga ou na perseguição, nem há algo em razão do qual se deve angustiar, se se está firme no Senhor.

Carta aos Colossenses

A Carta aos Colossenses, mais do que pelas temáticas particulares, impressiona pelo calor com que Paulo se dirige a seus destinatários (chamados desde 1,1 de "santos", "irmãos" e "crentes") e pela inter-relação, particularmente estreita na primeira parte, entre cristologia e vida cristã: o discípulo é aquele que modela toda a sua vida segundo Cristo. Acredito que valha a pena, aqui, fazer ressoar diretamente as palavras do apóstolo, com algumas poucas linhas de comentário.

Não se pode senão partir da ação de graças com que Paulo – como de costume – inicia a Carta e da superabundante riqueza de substantivos com os quais ele descreve a vida desses discípulos: fé, caridade, esperança, graça, conhecimento, sabedoria, inteligência, boa obra, fortaleza, perseverança, magnanimidade, alegria...! Pode-se realmente afirmar que aqui "é esboçada de certo modo toda a dinâmica da vida cristã, da proclamação do Evangelho à glória celeste, passando pela realização e o crescimento atuais":[40]

> Rendamos graças a Deus, Pai de Nosso Senhor Jesus Cristo, continuamente orando por vós, tendo tido notícia de vossa fé em Cristo Jesus e da caridade que tendes

---

[39] Schlier, *La lettera ai Filippesi*, 65.

[40] J.-N. Aletti, *Lettera ai Colossesi*, Dehoniane, Bologna 2011, 70.

para com todos os santos por causa da esperança que vos espera nos céus. Já ouvistes o anúncio da palavra de verdade do Evangelho que está junto de vós. E, como em todo o mundo ele produz fruto e se desenvolve, assim acontece também entre vós, desde o dia em que escutastes e conhecestes a graça de Deus na verdade [...]. Por isso, também nós, desde o dia em que fomos informados, não cessamos de orar por vós e de pedir que tenhais plena consciência de sua vontade, com toda a sabedoria e inteligência espiritual, para que possais comportar-vos de maneira digna do Senhor, para agradá-lo em tudo, produzindo fruto em toda boa obra e crescendo no conhecimento de Deus. Fortalecidos com toda fortaleza segundo a potência de sua glória, para ser perseverantes e magnânimos em tudo, rendei graças com alegria ao Pai que vos tornou capazes de participar da sorte dos santos na luz (1,3-12).

Logo em seguida, o apóstolo descreve a ação de Deus e seu efeito sobre os cristãos, que se tornam santos, imaculados, irrepreensíveis, fundamentados, firmes, inamovíveis na fé e na esperança:

Pouco tempo antes, éreis estrangeiros e inimigos, com a mente voltada às más obras; agora ele [Cristo] vos reconciliou no corpo de sua carne mediante a morte, para vos apresentar santos, imaculados e irrepreensíveis diante dele; para que permanecêsseis fundamentados e firmes na fé, inamovíveis na esperança do Evangelho que escutastes (1,21-23).

O capítulo segundo delineia de maneira muito clara a ligação entre a ação de Cristo e a vida do discipulado;

é de Cristo que os crentes recebem tudo, é em Cristo que eles devem caminhar:[41]

> Assim como acolhestes o Cristo Jesus, o Senhor, assim continuai caminhando com ele. Continuai enraizados nele, edificados sobre ele, firmes na fé tal qual vos foi ensinada, transbordando em ação de graças [...]. Pois nele habita corporalmente toda a plenitude da divindade. E nele participais da plenitude [...]. No batismo fostes sepultados com ele, com ele também fostes ressuscitados, pela fé na força de Deus que o ressuscitou dentre os mortos. E a vós que estáveis mortos por causa de vossas faltas e da incircuncisão de vossa carne, Deus vos deu a vida com ele, quando ele nos perdoou todas as nossas faltas. Deus anulou o documento que, por suas prescrições, nos era contrário e o eliminou, cravando-o na cruz (2,6-14).

Para concluir, algumas passagens do capítulo terceiro, em que a exortação moral, que conclui a Carta, está intimamente ligada a sua única fonte possível, o acolhimento da salvação em Cristo. O cristão vive uma vida nova porque é ressuscitado, escolhido, amado, chamado, e perdoa porque assim Cristo fez com ele; "é ainda o ser-ressuscitado-com-Cristo do crente que lhe define o horizonte e as modalidades do agir":[42]

> Se ressuscitastes com Cristo, buscai as coisas do alto, onde Cristo está entronizado à direita de Deus [...]. Vós vos despojastes do homem velho e de sua maneira de

---

[41] Cf. ibid., 145.

[42] Ibid., 188.

> agir e vos revestistes do homem novo, o qual vai sendo sempre renovado à imagem do seu criador, a fim de alcançar um conhecimento cada vez mais perfeito. Aí não se faz mais distinção entre grego e judeu, circunciso e incircunciso, bárbaro, cita, escravo, livre, porque agora o que conta é Cristo, que é tudo e está em todos. Portanto, como eleitos de Deus, santos e amados, vesti-vos com sentimentos de compaixão, com bondade, humildade, mansidão, paciência; suportai-vos uns aos outros e, se um tiver motivo de queixa contra o outro, perdoai-vos mutuamente. Como o Senhor vos perdoou, fazei assim também vós. Sobretudo, revesti-vos do amor, que une a todos na perfeição. Reine em vossos corações a paz de Cristo, para a qual também fostes chamados em um só corpo. E sede agradecidos. Que a palavra de Cristo habite em vós com abundância. E tudo o que disserdes ou fizerdes, que seja sempre no nome do Senhor Jesus, por ele dando graças a Deus Pai (3,1-17).

Com uma força que impressiona, a Carta aos Colossenses recorda assim a todo discípulo que a riqueza da vida nova que ele pode viver no cristianismo tem como raiz e seiva a ação de Cristo, passada e presente, e a salvação é o fruto da coparticipação em sua morte e ressurreição.

Cartas aos Tessalonicenses

Nas duas Cartas aos Tessalonicenses, pode-se colocar em evidência o chamado, para o discípulo, à santidade ou santificação, bem desenvolvido, sobretudo, na primeira Carta (a segunda, menos extensa, retoma temas já apresentados no primeiro escrito; assim, não será tratada aqui). Em 1 Tessalonicense, que é particularmente importante como o mais antigo texto do epistolário paulino (e do Novo Testamento), Paulo coloca após uma parte mais doutrinal (capítulos 1–3) uma breve seção exortativa final. Exatamente nessa seção aparece o premente convite à santificação,[43] termo utilizado em dois versículos relacionados para indicar de maneira sintética a vida cristã. "A vontade divina que pede a todos a santidade [é o ponto] no qual convergem e do qual se irradiam todas as diretrizes":[44]

> Essa, de fato, é a vontade de Deus: a vossa santificação (4,3).
> Deus não nos chamou à impureza, mas à santificação (4,7).

Com uma expressão que recorda de perto o célebre apelo de 1Pd 1,15-16 e naturalmente a concepção bíblica expressa em particular no Levítico (ver, por exemplo, Lv 19,1: "Sede santos, porque eu, o Senhor, vosso Deus, sou santo"), Paulo utiliza aqui um termo que depois aparecerá em outros lugares (por exemplo, na Carta aos Romanos, também na forma simples "os santos" para indicar os cristãos, ou em Ef 1,4) ao início e quase como motivação que compreende sua exortação moral. A relação entre as duas seções da Carta (dogmática e parênese) gira em torno dessa ideia, como está claro na ocorrência da palavra *santidade* na conclusão do capítulo terceiro (3,13). "O ser santos consiste no progressivo movimento da santificação rumo a uma cada vez maior santidade [...]. A ela Deus nos chamou e para ela nos deu o Espírito Santo. Mas ela deve também ser perseguida e a vontade santificadora de

---

[43] S. E. Porter, "Santità, Santificazione", in R. Penna et alii, *Dizionario di Paolo*, 1390-1398.

[44] M. Orsatti, *1-2 Tessalonicesi*, Queriniana, Brescia 1996, 59.

Deus deve ser realizada".[45] A santificação não tem, portanto, um significado primariamente moral nem indica apenas um esforço humano, mas representa "um tema estreitamente ligado à fé"[46] e é dom de Deus. A santidade é o fruto do agir de Deus nos embates do ser humano: exatamente a precedência da seção dogmática dos capítulos 1–3 sobre a parênese dos capítulos 4–5 é um claro indício disso. Em primeiro lugar, o cristão recebe a vida nova; em virtude disso pode assumir uma vida moral renovada (que em 1 Tessalonicenses é tratada apenas resumidamente, com exemplos tirados da esfera da sexualidade e da vida fraterna). Em todo caso, o que vem antes é a ação do Senhor, a única que pode tornar santos.[47] E não causa espanto que, desde sua primeira Carta, Paulo ligue a conduta santa do cristão ao amor recíproco, outro tema que enriquecerá seu epistolário.[48] O desejo conclusivo da seção dogmática de 1 Tessalonicenses, em que Paulo liga estreitamente a santidade – tema da Carta – à caridade, explica melhor que muitas palavras:

> Quanto a vós, o Senhor vos faça crescer abundantemente no amor de uns para com os outros e para com todos, à semelhança de nosso amor para convosco. Que ele confirme vossos corações numa santidade irrepreensível, diante de Deus, nosso Pai, por ocasião da vinda de nosso Senhor Jesus, com todos os seus santos (3,12-13).

---

[45] H. Schlier, *L'apostolo e la sua comunità*, Paideia, Brescia 1976, 74.

[46] F. Manini, *Lettere ai Tessalonicesi. Introduzione, traduzione e commento*, San Paolo, Cinisello Balsamo 2012, 50.

[47] F. Manzi, "Prima Lettera ai Tessalonicesi", in B. Maggioni - F. Manzi (ed.), *Lettere di Paolo*, 1109.

[48] "A exortação cristã, como a encontramos nas cartas do apóstolo Paulo […], tem sua origem no evento do amor atuante na cruz e na ressurreição de Cristo" (Schlier, *Riflessioni sul Nuovo Testamento*, 460).

Cartas Pastorais

Nas chamadas Cartas Pastorais (1 e 2 Timóteo, Tito), podem-se encontrar algumas indicações globais quanto ao discipulado, com a consciência de que as afirmações contidas nesses escritos – normalmente datados de uma época posterior a todas as demais cartas paulinas – revestem-se de um interesse particular, sobretudo, para o conhecimento da tradição apostólica na primeira geração cristã.

Dessa característica deriva também o tom que deliberadamente assumem, nesses textos, as exortações dirigidas por Paulo a seus dois discípulos: em vez de apresentar-se como exemplo, Paulo é também um mestre, e, na vida cristã aqui anunciada, tornam-se importantes o ensinamento e a pregação desenvolvidos segundo a "sã doutrina" (1Tm 1,10; 6,3; 2Tm 1,13; 4,3; Tt 1,9; 2,1.8): as Pastorais "demonstram preferir não somente o vocabulário, mas ainda mais o tema, difícil e controverso".[49] Esse é um primeiro traço a destacar: dentro do seguimento de Cristo emerge, com maior amplidão, o aspecto da reta compreensão e transmissão do ensinamento recebido, seja diretamente das palavras do Senhor ("Se alguém ensina de modo diferente e não segue as sãs palavras do Senhor nosso Jesus Cristo...": 1Tm 6,3), seja por meio dos apóstolos, Paulo primeiro ("Toma como modelo os sãos ensinamentos que ouviste de mim com a fé e o amor, que estão em Cristo Jesus": 2Tm 1,13).[50] Esse

---

[49] C. Marcheselli Casale, *Le Lettere Pastorali*, Dehoniane, Bologna 1995, 115. Segundo R. Manes, *Lettera a Tito. Lettera a Filemone. Introduzione, traduzione e commento*, San Paolo, Cinisello Balsamo 2011, 37, o convite a seguir a *sã doutrina* presente em Tt 2,1 é "a doutrina central para Tito".

[50] M. Girolami, "Introduzione al *Corpus* pastorale", *Parole di Vita* 57/4 (2012) 4-10; Aletti, *Gesù Cristo*, 85.

destaque diferente pode ser lido também em termos do ministério que é solicitado agora ao discípulo, como está claro quanto a Timóteo e Tito, discípulos de Paulo. A própria imitação pedida, como já visto, por Paulo no início de 2 Timóteo, se em geral não é uma novidade, assume aqui o aspecto mais específico de uma imitação no ministério.[51] O discípulo é, portanto, (também) aquele que é capaz de aprender retamente os ensinamentos dos mestres, que os vive integralmente e que está disposto a transmiti-los a outros.

Além dessas considerações mais gerais, podemos deter-nos brevemente no início da Primeira Carta a Timóteo. Aqui encontramos um incomum agradecimento de abertura, em que o apóstolo identifica o motivo de seu agradecimento não na vida dos destinatários, mas na ação de Deus para com eles:

> Sou agradecido àquele que me deu forças, Cristo Jesus, nosso Senhor, pela confiança que teve em mim, colocando-me a seu serviço, a mim que, antes, blasfemava, perseguia e agia com violência. Mas alcancei misericórdia, porque agia por ignorância, não tendo ainda a fé. A graça de nosso Senhor manifestou-se copiosamente, junto com a fé e com o amor que estão em Cristo Jesus. É digna de fé e de ser acolhida por todos esta palavra: Cristo Jesus veio ao mundo para salvar os pecadores, dos quais eu sou o primeiro. Mas alcancei misericórdia, para que em mim, o primeiro dos pecadores, Jesus Cristo mostrasse toda a sua paciência, fazendo de mim um exemplo para todos os que crerão nele, em vista da vida eterna (1Tm 1,12-16).

---

[51] C. Pellegrino, *Lettere a Timoteo. Introduzione, traduzione e commento*, San Paolo, Cinisello Balsamo 2011, 160-167.

Como em 2Cor 12,7-10 e Gl 1,11-17, Paulo não esconde a própria fraqueza e o próprio pecado, e como em tantas outras cartas ele não hesita em apresentar a própria vida como exemplo. A peculiaridade de 1 Timóteo é que aqui Paulo aproveita o próprio pecado para exaltar a misericórdia de Deus, revelada na ação salvífica de Cristo. Através de seu próprio exemplo negativo, Paulo lembra a Timóteo e a todo discípulo do Senhor que, de um lado, o pecado está presente na vida e não se pode ignorá-lo; do outro, a ação de Deus (misericórdia e magnanimidade) é mais forte que o pecado, mesmo o maior, e exatamente nos pecadores ela resplandece com maior força.[52] Encontramos aqui um inesperado ponto de contato com o ensinamento dos Evangelhos, em particular das páginas lucanas sobre a misericórdia, onde alcança seu ápice.

Carta aos Hebreus

Também no caso desta ampla e densa Carta[53] não é possível tentar uma análise global. O conteúdo é, além disso, principalmente dogmático, a respeito do sacerdócio de Cristo; não faltam, porém, seções exortativas, voltadas diretamente aos leitores crentes, nas quais é possível identificar algumas linhas mais claras da ideia de discipulado que o autor tem em mente.

---

[52] C. Broccardo, "Paolo, un peccatore esemplare", *Parole di Vita* 57/4 (2012) 11-17.

[53] O gênero literário da Carta aos Hebreus é na verdade o do discurso ou homilia (cf. A. Vanhoye, *L'Epistola agli Ebrei. "Un sacerdote diverso"*, Dehoniane, Bologna 2010, 7). A tradição da Igreja considerou a Carta aos Hebreus parte do epistolário paulino, embora, na verdade, ela não possa ser atribuída a Paulo.

Em particular, podemos nos deter em duas expressões que definem a quarta parte[54] da Carta (11,1–12,13): *fé* e *perseverança*. A construção da seção está suficientemente clara, e os dois termos são anunciados no final da seção anterior (10,36-39), onde o autor se dirige diretamente a seus interlocutores: "Tendes necessidade somente de *perseverança* [...]. Nós, porém, não somos daqueles que cedem, para a própria ruína, mas somos homens de *fé*". No capítulo onze, o primeiro tema tratado é a fé, na célebre página dedicada aos antepassados, nos quais o autor vê encarnada a estreita ligação entre fé e esperança:

> A fé é a certeza daquilo que ainda se espera, a demonstração de realidades que não se veem. Por ela, os antigos receberam um bom testemunho de Deus (11,1-2).

A longa lista de personagens do Antigo Testamento aqui evocados (Abel, Henoc, Noé, Abraão... até os profetas), se de um lado vê positivamente seu testemunho, do outro conclui, um tanto quanto bruscamente, que a experiência deles é insuficiente:

> No entanto, todos eles, se bem que pela fé tenham recebido um bom testemunho, não alcançaram a realização da promessa. É que Deus estava prevendo algo melhor para nós: não queria que eles chegassem, sem nós, à plena realização (11,39-40).

A fé em Cristo, portanto, é algo que supera com um salto todo o testemunho do Antigo Testamento. Em tudo

---

[54] Segundo a disposição proposta em ibid., 11-37.

isso, o que é pedido ao discípulo? Naturalmente, ele é chamado, sobretudo, a conformar-se à fé dessa "multidão de testemunhas". Todavia, a atitude solicitada aqui não é imediatamente a fé, mas muito mais a *perseverança*, fundada no exemplo de Cristo, conforme a continuação da Carta esclarece:

> Portanto, com tamanha multidão de testemunhas em torno de nós, deixemos de lado tudo o que nos atrapalha e o pecado que nos envolve. Corramos com *perseverança* na competição que nos é proposta, com os olhos fixos em Jesus, que vai à frente de nossa fé e a leva à perfeição. Em vista da alegria que o esperava, suportou a cruz, não se importando com a infâmia, e assentou-se à direita do trono de Deus. Pensai, pois, naquele que enfrentou uma tal oposição por parte dos pecadores, para que não vos deixeis abater pelo desânimo (12,1-3).

Essa esplêndida passagem une mais uma vez *fé* e *perseverança* e introduz o agir de Jesus como modelo novo e definitivo do agir cristão, embora não esquecendo o testemunho antigo, do qual ainda tem origem. É, de qualquer modo, Jesus aquele que viveu uma vida de perseverança, e ao mesmo tempo aquele que dá origem à fé e a leva ao cumprimento. Por esse motivo, é, sobretudo, ele que o cristão deve observar, é nele que deve pensar, para encontrar em sua vida o caminho certo e a força necessária. Mais uma vez, portanto, o discipulado é ligado à figura única do mestre, fonte e modelo do agir cristão. A nova nuança que introduz aqui a Carta aos Hebreus parece ser a forte ligação entre a origem da própria fé, já presente com riqueza no Antigo Testamento mas levada ao cumprimento por Cristo, e a conduta perseverante do cristão, que é chamado à "luta contra o pecado" (12,4), a revigorar as mãos inertes e os joelhos fracos e a caminhar firme (12,12), a buscar a paz com todos e a santificação (12,14), expressões utilizadas por Hebreus para sintetizar, no início da última seção, o que melhor caracteriza a vida cristã. Retornam, aqui, dois temais (*paz* e *santificação*) já encontrados em outros lugares, que se abrem, no início do capítulo 13 (cf. 13,1: "Perseverai no amor fraterno"), ao outro tema forte da caridade.[55]

O quadro está, assim, completo, e se delineia uma ideia de discipulado de amplo fôlego, capaz de fundar-se teologicamente sobre toda a história da salvação, da criação ao novo sacerdócio de Cristo. Um discipulado que é luta, capacidade de libertar-se do pecado e de tudo que atrapalha o caminho, que é perseverança, mas é, sobretudo, seguimento concreto do caminho de Cristo, aquele que suportou até a cruz. Um discipulado que se pode resumir, em apenas uma frase, com a esplêndida imagem de 12,2: "Ter o olhar fixo em Jesus".

---

[55] Ibid., 279.

II

AS CARTAS CATÓLICAS E O APOCALIPSE

Para concluir essa longa seção, não nos resta senão recolher algumas breves imagens de discipulado de algumas das demais Cartas do Novo Testamento (Carta de Tiago, Primeira Carta de Pedro, Primeira Carta de João; deixarei de lado as demais) e do Apocalipse de João.

Carta de Tiago

O tom global da Carta de Tiago é exortativo, e nela se entrelaçam muitos temas, muito próximos à tradição dos Evangelhos. Não se fala explicitamente de discipulado, mas há muitas indicações sobre o comportamento pedido aos discípulos; deter-me-ei em particular em duas temáticas, prevalentes na Carta, e ainda não encontradas em detalhes.

Em diferentes passagens da Carta, Tiago destaca a importância para o cristão de pedir e viver a verdadeira *sabedoria*. A expressão, eminentemente bíblica, é utilizada desde o versículo 1,5: "Se a alguém de vós falta sabedoria, peça-a a Deus, que a conceda generosamente a todos, sem impor condições; e ela lhe será dada" e é depois retomada em 3,13-18. De sabedoria falavam já as Cartas aos Coríntios (cf. 1Cor 1,5 e 2Cor 1,12): Tiago insiste no exortar a pedir e obter a sabedoria que vem do alto, e que é bem diferente da sabedoria deste mundo. Ele apresenta uma abordagem própria do discipulado, que "volta no projeto de vida que o autor traça para os destinatários", no sentido seja ético seja prático.[1] Não se trata de uma sabedoria desencarnada ou meramente espiritual, mas sim de uma sabedoria que deve determinar o agir concreto do cristão, segundo uma insistência própria dessa breve Carta (cf. 4,1-10): "Como já em 1,27 e 2,18, está-se no campo das obras, mais do que no das palavras".[2] Logo depois, retomando uma ideia cara à literatura joanina, a Carta sintetiza de modo muito eficaz a antítese entre Deus e mundo assim: "Não sabeis que a amizade com o mundo é inimizade com Deus? Assim, todo aquele que pretende ser amigo do mundo torna-se inimigo de Deus" (4,4); a verdadeira sabedoria não é aquela do mundo, portanto, "apresentado como um sistema antitético com relação a Deus".[3]

Uma segunda insistência típica da Carta é sobre o tema da *riqueza*. Também esse é introduzido desde o primeiro capítulo (1,9-11) e depois tratado em particular na seção 4,13–5,6. O tema é, porém, relacionado por Tiago com aquele da relação entre fé e obras já em 2,14-17: uma fé que não se transforma em obra que sustenta concretamente o irmão que tem fome e frio, diz Tiago, não serve. Também esse tema não é certamente específico de Tiago, tanto no Antigo quanto no Novo Testamento (basta recordar de Lc 6,24-26); certo é que a repreensão aqui é muito dura e

---

[1] R. Fabris, *Lettera di Giacomo*, Dehoniane, Bologna 2004, 63.

[2] M. Nicolaci, *Lettera di Giacomo. Introduzione, traduzione e commento*, San Paolo, Cinisello Balsamo 2012, 107.

[3] Ibid., 278.

direta, e não pode deixar de fazer com que o discípulo do Senhor reflita em todos os tempos:

> E agora vós, os ricos, chorai e gemei, por causa das desgraças que estão para cair sobre vós. Vossa riqueza está apodrecendo e vossas roupas estão carcomidas pelas traças. Vosso ouro e vossa prata estão enferrujados, e a ferrugem deles vai depor contra vós e devorar vossas carnes, como fogo! Nestes dias, que são os últimos, amontoastes tesouros. Olhai: o salário dos trabalhadores que ceifaram vossos campos, e que vós deixastes de pagar, está gritando; o clamor dos trabalhadores chegou aos ouvidos do Senhor todo-poderoso. Vivestes luxuosamente na terra, entregues à boa vida, engordando a vós mesmos no dia da matança. Condenastes o justo e o assassinastes: ele não vos resistiu (5,1-6).

Além disso, a aproximação à temática fé/obras dá espessura teológica a toda a questão, impedindo uma leitura somente ética ou, pior, moralista.

Carta de Pedro

Passando para a Carta de Pedro, chama a atenção o importante tema do sofrimento do discípulo, desenvolvido amplamente na Primeira Carta; ele é de certa forma o fio condutor dos cinco capítulos e está ligado – como sempre – com a cristologia. O próprio ponto de partida da temática, no segundo capítulo, mostra com clareza a ligação (note-se também o enésimo convite a imitar o exemplo de Cristo):[4]

---

[4] S. Grasso, *Le lettere di Pietro. Le prime "encicliche" della Chiesa*, San Paolo, Cinisello Balsamo 2000, 27-29.

Entretanto, se fazeis o bem e suportais o sofrimento, isto vos torna agradáveis junto a Deus. De fato, para isto fostes chamados. Pois também Cristo sofreu por vós deixando-vos um exemplo, para que sigais os seus passos (2,20-21).

A passagem continua com o breve mas célebre hino cristológico modelado com base na imagem isaiana do Servo Sofredor (em particular, o quarto canto de Is 52,13–53,12):

Ele não cometeu pecado algum,
mentira nenhuma foi encontrada em sua boca.
Quando injuriado, não retribuía as injúrias;
atormentado, não ameaçava;
antes, colocava a sua causa nas mãos daquele
que julga com justiça.
Carregou nossos pecados em seu próprio corpo,
sobre a cruz,
a fim de que, mortos para os pecados,
vivamos para a justiça.
Por suas feridas fostes curados.
Andáveis desgarrados como ovelhas,
mas agora voltastes
ao pastor protetor de vossas vidas (2,22-25).

Eis novamente o tema da vida cristã modelada com base na de Cristo, tema tantas vezes encontrado, com a referência particular à cruz, que faz virem à mente com força as palavras transmitidas pelos Evangelhos sobre "tomar a própria cruz" e já ligadas, naturalmente, à cruz de Cristo (Mc 8,34-38 e paralelos; Mt 10,38-39 e paralelos;

cf. Jo 12,23-26). Pedro a torna um tema transversal de toda a Carta, retomando-o ainda em 3,13-18 – onde une o convite a sofrer pela justiça àquele de saber estar "prontos sempre a responder a qualquer um que pergunte as razões da esperança que está em vós" – e ainda em 4,1 e 4,12-19. Também nestes últimos casos o discípulo é aquele que está pronto a compartilhar o destino de sofrimento de Cristo (4,1: "Tendo Cristo sofrido no corpo, também vós, portanto, armai-vos dos mesmos sentimentos"), sem, todavia, jamais esquecer que depois do sofrimento o espera um futuro de glória. E Pedro tem também a coragem de falar de alegria ligada ao sofrimento: "Alegrai-vos por participar dos sofrimentos de Cristo, para que possais exultar de alegria quando se revelar a sua glória" (4,13). A ligação entre alegria e sofrimento pode parecer extrema, mas somente porque muito facilmente se esquece de algumas passagens importantes do Evangelho, como Mt 5,11: "Bem-aventurados quando vos insultarem, vos perseguirem e, mentindo, disserem todo tipo de mal contra vós por minha causa". Nada de novo, portanto, mas um chamado concreto para o discípulo a viver na própria existência (de provável perseguição, para os leitores de 1 Pedro) o ensinamento e a práxis de Cristo. Sabendo, ao mesmo tempo, ter o olhar fixo no retorno do Senhor e modelando a própria existência segundo essa espera, como as últimas palavras do epistolário petrino fazem referência com toda a força:[5]

> Se é deste modo que tudo vai desintegrar-se, qual não deve ser vosso empenho numa vida santa e piedosa, enquanto esperais com anseio a vinda do Dia de Deus,

---

[5] Ver também ibid., 72-73.

quando os céus em chama vão se derreter, e os elementos, consumidos pelo fogo, se fundirão? O que esperamos, de acordo com sua promessa, são *novos céus e uma nova terra*, nos quais habitará a justiça. Caríssimos, vivendo nesta esperança, esforçai-vos para que ele vos encontre numa vida pura, sem mancha e em paz [...]. Portanto, caríssimos, vós sabeis disto com antecedência. Precavei-vos, para não suceder que, levados pelo engodo desses ímpios, percais vossa própria firmeza. Antes, procurai crescer na graça e no conhecimento de nosso Senhor e Salvador Jesus Cristo. A ele seja dada a glória, desde agora, até o dia da eternidade. Amém (2Pd 3,11-18).

Primeira Carta de João

Das três cartas de João, somente a primeira contém uma exposição ampla e algumas indicações úteis sobre o discipulado.[6] Dirigida a uma comunidade da qual o autor é de certo modo guia e mestre, contém exortações para uma vida conforme à mensagem recebida, expressas segundo uma linguagem muito semelhante à encontrada no Evangelho joanino: percorrendo o texto, emergem muitos temas e palavras caras ao quarto evangelista. Desde o prólogo (1,14) – além dos temas da vida, do testemunho, do Verbo, do anúncio – podem ser encontradas referências à vida dos crentes em Cristo, que deve ser caracterizada pela

---

[6] A Segunda e a Terceira Carta de João, escritos entre os mais breves de todo o Novo Testamento, não incluem elementos novos com relação à Primeira; 2 João contém algumas reflexões, mas, "do ponto de vista teológico, não acrescenta nada de novo ao já exposto na maior das epístolas joaninas" (M. Fossati, *Lettere di Giovanni. Lettera di Giuda. Introduzione, traduzione e commento*, San Paolo, Cinisello Balsamo 2012, 22).

comunhão (1,3) e pela alegria (1,4).[7] A comunhão é o tema da exortação seguinte (1,5-7), que convida a "caminhar na luz", expressão significativa para indicar a vida do crente. É essa luz que pode desvelar a mentira do pecado, do qual o discípulo foi liberto por Cristo (2,1-2). Como o Evangelho, também 1 João introduz o convite a observar os mandamentos, para permanecer na verdade e no amor de Deus: quem observa os mandamentos vive na luz e ama seu irmão (2,3-11). Aqui, no cerne da primeira importante seção da Carta, emerge um elemento-chave, que retornará mais duas vezes (3,11-24 e 4,7-21) e que representa o centro do ensinamento de 1 João sobre o discipulado: o amor a Deus e ao irmão.[8] Tipicamente joanina é também a exortação seguinte a guardar-se do mundo, o qual está em contraste com Deus (2,12-17) e está chegando a sua última hora, na qual aparece o anticristo, aquele que nega a fé no Filho; mas o discípulo sabe que pode "permanecer em Cristo", na esperança (2,18-28).

O capítulo terceiro, antes de retornar brevemente ao tema do pecado (3,3-10), abre com uma bela afirmação sobre o discípulo como "filho de Deus" (3,1-2). Filiação que se liga estreitamente ao amor recíproco, tema com que prossegue o capítulo (3,11-24) e com o qual se pode sintetizar a "mensagem que escutastes desde o princípio". Nessa sua segunda passagem dedicada ao amor fraterno, João afirma que o amor é vida e, como Cristo deu a vida por nós, "também nós devemos dar a vida pelos irmãos" (3,16): o

---

[7] Segundo ibid., 19-22, a temática teológica da Carta, resumível como "testemunho da verdade", se desenvolve nos temas da vida cristã, do amor e da fé.

[8] J. Beutler, *Le Lettere di Giovanni. Introduzione, versione e commento*, Dehoniane, Bologna 2009, 54.

tom das exortações é cada vez mais elevado, radical, mas está também permeado de esperança e consolação. Muito belos são os versículos conclusivos do capítulo:

> Este é o seu mandamento: que creiamos no nome do seu Filho, Jesus Cristo, e nos amemos uns aos outros, de acordo com o mandamento que ele nos deu. Quem observa seus mandamentos permanece em Deus, e Deus permanece nele. E que ele permanece em nós, sabemos pelo Espírito que nos deu (3,23-24).

Após um convite posterior a guardar-se dos espíritos do anticristo (4,1-6), a Carta volta – pela terceira vez – a exortar à comunhão e ao amor recíproco, que nasce do amor de Deus, que nos precede, e se torna fonte de conhecimento e de vida (4,7-21). Também essa terceira seção sobre o amor se conclui com alguns versículos recapitulativos, que ajudam a captar o tom particular desse pequeno escrito:

> Nós amamos porque ele nos amou primeiro. Se alguém disser: "Amo a Deus", mas odeia seu irmão, é mentiroso; pois quem não ama seu irmão, a quem vê, não poderá amar a Deus, a quem não vê. E este é o mandamento que dele recebemos: quem ama a Deus, ame também seu irmão (4,19-21).

Reflete-se aqui, com clareza, a convicção do evangelista: o amor fraterno pode derivar somente do amor de Deus já recebido e acolhido; é "emanação do amor por Deus e por Jesus, que se baseia na experiência do amor de Deus e de Jesus".[9]

---

[9] Schlier, *La fine del tempo*, 149.

O último capítulo introduz de modo mais amplo o tema da fé, do crer (5,1-13), que já encontramos com força no Evangelho e que permanece um elemento importantíssimo do ensinamento joanino. A fé – afirma-se aqui – leva à vida eterna, dom já possuído por quem crê "no nome do Filho de Deus". Antes de concluir com uma última exortação à fé no verdadeiro Deus (5,18-21), a Carta contém ainda duas afirmações muito belas para a vida do discípulo: um convite à confiança total em Cristo, que escuta e responde a nossas orações: "Qualquer coisa que lhe pedirmos segundo sua vontade, ele nos escuta" (5,14-15). E ainda um convite ao cuidado e correção recíprocos, entre irmãos, para que os discípulos sejam libertos do pecado: "Se alguém vê o próprio irmão cometer um pecado que não conduz à morte, ore, e Deus lhe dará a vida" (5,16-17).

Apocalipse

Dada a enorme complexidade do Apocalipse, não é possível abordar o texto em seu conjunto; o Apocalipse é, de resto, um texto único dentro do Novo Testamento. Tive de fazer uma escolha decisiva, reduzindo ao mínimo as seções consideradas e tentando identificar as passagens mais interessantes para o tema do discipulado, que, além disso, jamais é objeto de uma reflexão específica por parte do Apocalipse.

Concretamente, desenvolverei algumas reflexões a partir de duas seções: a parte inicial, que traz as "sete cartas às Igrejas" (1,4–3,22); e a visão conclusiva, a "nova Jerusalém" (21,1–22,21). Com essa escolha, parece-me que respeito, se não a riqueza do texto, pelo menos o caráter do Apocalipse, que – como é próprio de seu gênero literário – mostra um vivo interesse pela história e pelos acontecimentos concretos dos destinatários (as sete cartas), dentro de uma visão cósmica e profética dos confins muito amplos e enraizada no ponto de vista do próprio Deus (a visão da Jerusalém celeste).[10] Além disso, a seção inicial é interessante porque se dirige a algumas comunidades cristãs concretas e conserva – ainda que com uma linguagem evidentemente particular, rica de visões, profecias e imagens – uma intenção "pastoral" muito próxima às exigências vivas das comunidades e do discipulado. Evidentemente, a enorme complexidade interpretativa do Apocalipse não é aqui desenvolvida: limitar-me-ei a reunir algumas observações para uma primeira leitura.

As sete cartas: Ap 1,4–3,22

Todas as cartas às Igrejas contêm uma saudação, a apresentação do emitente (Cristo, com diferentes denominações), uma avaliação sobre a situação da respectiva Igreja, algumas exortações, o convite à escuta e uma promessa conclusiva.[11] Os elementos mais interessantes para nosso tema podem ser retirados das avaliações e das exortações, que permitem identificar as características solicitadas pelo Apocalipse aos discípulos de Jesus e às comunidades cristãs. As avaliações miram em particular as características positivas e negativas da comunidade: entre as primeiras, as sete cartas destacam as *obras*, a *perseverança*, a *suportação*, a *pobreza*, a *firmeza*, a *caridade*, a *fé*, o *serviço*, a *fidelidade*

---

[10] U. Vanni, *Apocalisse. Libro della Rivelazione*, Dehoniane, Bologna 2009, 19-20.

[11] Vanni, *Apocalisse*, 217-219, e C. Doglio, *Apocalisse. Introduzione, traduzione e commento*, San Paolo, Cinisello Balsamo 2012, 48.

à Palavra; pelo contrário, convidam a fugir, sobretudo, seja da mistura com a mentira e com seus representantes, seja da tepidez. As exortações, por sua vez, pedem a necessidade da *conversão*, da *fidelidade*, da *solidariedade*, do *acolhimento* e da *escuta* da palavra, da *vigilância*, da *perseverança*, da *força*, do *ser quente*.

Apesar da ausência de uma verdadeira "teoria" do discipulado ou de organicidade de pensamento, valoriza-se a vivacidade de uma profecia voltada a pessoas concretas em situações concretas, e – acredito – há bastante material para identificar a ideia de comunidade de discípulos esboçada pelo Apocalipse. Desejando identificar um tema emergente, parece-me que se possa falar da fidelidade ao anúncio recebido das Igrejas no início de seu caminho de fé, fidelidade entendida como o permanecer na esteira do acontecimento de fé que gerou a comunidade. Essa fidelidade não é abstrata, mas se manifesta na escuta verdadeira da palavra de Deus e na concretude da vida (caridade, serviço, suportação das tribulações); o convite a fugir da tepidez dirigido aos laodicenos é emblemático nesse sentido. Em outras palavras, o discípulo sabe reconhecer a história que o precede e tira da fidelidade a ela a força para uma vida renovada. Mas o discípulo não está isento de queda: com o convite à conversão e às avaliações aguçadas sobre as comunidades, as cartas enfrentam com frequência a questão da infidelidade. Em particular, como típico na literatura joanina, o mal se apresenta sob a forma de mentira, de negação da verdade que é o próprio Cristo. Essa invasão do mal, porém, não destrói quem é por ela golpeado, se este consegue lutar; a ideia de combate mostra bem o tom global das cartas, e parece que realmente para o Apocalipse a vida seja uma luta, um combate (inclusive feroz) entre as forças do bem e as do mal (todas as cartas se concluem com a promessa ao "vencedor"). Dentro dessa luta é possível também momentaneamente sucumbir, mas o convite à conversão sustenta a esperança em um sempre possível retorno. Em definitivo, parece-me que força, firmeza e perseverança sejam as principais características solicitadas aos cristãos dessas comunidades. Mas não falta um comovente pedido de caridade e de fé (cf. 2,13.19), evidente ligação com a linguagem conhecida da literatura joanina.

A Jerusalém celeste: Ap 21,1–22,21

Passemos agora à visão conclusiva de todo o Apocalipse. Num primeiro olhar, ele parece ter pouco a dizer sobre nosso tema. Todavia, a santa Jerusalém vista por João no final de seu livro é apresentada desde o início como a habitação de Deus com (todos) os homens, cumprimento da promessa de pertencer ao povo de Deus, o "Deus-com-eles" (21,3). O destino último de todo homem, diz João, é que cada um se torne discípulo do Senhor, pertencente a seu povo, herdeiro e "filho" (21,7). Símbolo dessa comunhão definitiva é, de fato, "a cidade santa que desce do céu" (21,10), que junta o antigo e o novo: os nomes das doze tribos de Israel escritos sobre as portas, os nomes dos doze apóstolos sobre os alicerces (21,12-14). Nessa cidade, iluminada pela luz de Cristo, entrarão todas as nações (21,22-27) e escorre o rio com a árvore da vida (22,1-2). Ela é o lugar da definitiva comunhão com Deus e da visão dele (22,3-6). É, portanto, com uma imagem de paz, de comunhão e de luz que se conclui o Apocalipse. E é esse também o destino último de quem, discípulo do Senhor, permanece fiel até o fim.

Talvez não seja uma indicação particularmente prática, mas eu gostaria de destacar mesmo assim o valor: o discípulo de Cristo não deveria esquecer-se de qual é seu destino último, sua habitação definitiva, que o Apocalipse descreve de modo tão rico e fascinante, mesmo se talvez um pouco distante de nosso modo de pensar. Mas que a existência do discipulado não deva permanecer privada de um olhar para o alto é algo sobre o qual o Apocalipse quer fazer refletir com força. E é um convite que retomo com muito prazer, junto com aquele nuançado nas últimas linhas (22,16-21), onde se levanta, por parte de quem escuta e do próprio João, uma invocação, uma oração, simples mas determinante: "O Espírito e a esposa dizem: 'Vem!'. E quem escuta repita: 'Vem!' […]. Aquele que atesta essas coisas diz: 'Sim, eis que venho!'. Amém. Vem, Senhor Jesus" (21,17.20). Como foi dito de modo bem claro:

> Pela terceira vez (v. 20), o Cristo ressuscitado, testemunha digna de fé e garante da revelação, repete o compromisso de vir sem atraso: a ele a comunidade cristã, sujeito implícito, responde exprimindo a própria aprovação e o próprio desejo. Assim, na dimensão da liturgia, passado, presente e futuro se reforçam e se integram: o Senhor "vem" nos eventos fundamentais de sua Páscoa, "vem" na vida da Igreja ao longo da história, "virá" para o cumprimento final. A comunidade que lê essa revelação recorda, vive e espera.[12]

Não há discipulado – parece querer dizer o Apocalipse – sem que ele se exprima, na oração, como mendicância da vinda de Jesus.

---

[12] Ibid., 203.

CONCLUSÃO

Com o Apocalipse, termina a análise dos textos do Novo Testamento. O que foi proposto até agora foi, sobretudo, um convite e uma ajuda à leitura, o mais possível próxima, das páginas neotestamentárias relacionadas à temática do discipulado. Desse modo, recolhi, sobretudo, os traços distintivos do seguimento de Jesus diretamente dos textos, exatamente como nele são apresentados.

Em particular, quis dedicar muito espaço aos quatro Evangelhos, as *narrativas* fundadoras; é o que eles narram – a história de Jesus – que dá a fisionomia própria também ao restante do Novo Testamento. O discipulado cristão está, de fato, enraizado, sobretudo, no encontro com Jesus, cujo acontecimento se torna o fator de unidade de todo o Novo Testamento, dos Evangelhos às Cartas, ao Apocalipse.[1]

Permanece, todavia, uma última tarefa: experimentar ordenar, em algumas breves passagens, os elementos que emergiram da leitura desenvolvida até aqui, para identificar algumas categorias sintéticas da ideia cristã do discipulado.

---

[1] Aletti, *Gesù Cristo*, 262 identifica essa interessante dinâmica em ação em todo o Novo Testamento: "(i) Os Evangelhos remetem ao 'passado' dos eventos únicos, fundadores (a vida de Jesus, sua importância salvífica), mas igualmente emblemáticos para quem quer ser discípulo de Jesus Cristo; (ii) as Cartas se voltam para as Igrejas do 'hoje' [...]; (iii) o Apocalipse, enfim, mantém atenta a dimensão 'futura'".

TERCEIRA PARTE

LINHAS ESSENCIAIS DO DISCIPULADO CRISTÃO À LUZ DO NOVO TESTAMENTO

A terceira e última parte do livro serve para fazer um balanço do que foi até então exposto. Trata-se de uma seção mais breve, inevitavelmente um tanto quanto esquemática, mas útil para traçar algumas linhas essenciais do discipulado cristão.

Nela, pretendi, sobretudo, recolher as principais indicações surgidas nas duas partes precedentes, para sintetizar o testemunho do Novo Testamento em sua globalidade; além disso, considerei útil reler o tema do discipulado à luz de algumas categorias recapituladas, seguindo as indicações presentes em algumas importantes obras dedicadas a discípulos e discipulado publicadas nos últimos anos.

I

O DISCIPULADO CRISTÃO É DISCIPULADO "DE JESUS"

Uma primeira característica que emerge com evidência dos textos é a estreita ligação entre o discipulado cristão e a figura de Jesus de Nazaré. Naturalmente, isso não deveria causar surpresa: "Ser discípulo implica uma relação; e ser discípulo de Jesus é participar da escola de Jesus, é viver uma relação com Jesus, o mestre, o qual é um *unicum*, um acontecimento único".[1] Esse dado hoje é cada vez mais notado explicitamente pelos estudiosos, segundo diversas nuanças.

A iniciativa de Jesus no chamado e o compromisso do homem na resposta

Um primeiro elemento constante, considerado certo também do ponto de vista histórico, é que foi Jesus quem tomou iniciativa no chamado dos discípulos. As narrativas de vocação presentes nos Evangelhos são muito claras em destacar o agir com autoridade de Jesus que chama para si, e a dinâmica neles descrita é totalmente plausível. O dado a evidenciar é, portanto, o chamado pessoal a ele como

---

[1] G. Moioli, *Il discepolo*, Glossa, Milano 2000, 49.

base da existência do grupo dos discípulos. A prova é o fato de que o vocábulo *discípulo* aparece, nos Evangelhos, somente depois que se narra o primeiro chamado (cf. Mc 2,15). Assim, sem negar que se podia responder ao apelo de Jesus de outros modos e que o apelo era voltado a todos sem exclusão, "tampouco se deveria minimizar a clara lembrança de que Jesus chamou para um discipulado pessoal".[2] Trata-se de uma forma nova com relação ao discipulado rabínico ou de outras formas difundidas naquele tempo, com algumas semelhanças, no âmbito bíblico, com o episódio de Elias e Eliseu. Muito claras as palavras do estudioso britânico J. Dunn: "Aprender, orar, servir, pregar e sofrer não basta para fornecer um quadro completo do discipulado [...]. O elemento comum em todo caso é que esses são sinais distintivos dos discípulos *de Jesus*".[3] Essa tipologia de escolha do discípulo evidencia a peculiaridade do pedido de Jesus e a dependência dos discípulos com relação a seu mestre; a experiência de Paulo narrada nos Atos (pelo menos três vezes!) e em Gl 1,11-24 confirma esse dado, porque inclusive o apóstolo dos gentios, que não conheceu pessoalmente Jesus durante sua vida terrena, se vê envolvido na missão do próprio Senhor. É, este, um traço permanente do discipulado cristão, que a Igreja reconhece em toda a sua importância: o agir de Deus precede a iniciativa do homem no chamado, e sem essa iniciativa não existiria o discipulado.

Nessa dinâmica, os Evangelhos e o Novo Testamento destacam, porém, também a resposta do homem. Nas narrativas de vocação isso ocorre sem condescendência ou psicologismos: narra-se o "sim" dos discípulos simplesmente

---

[2] Dunn, *Gli albori del cristianesimo*. I/2, 593.
[3] Ibid., 600.

como ação consequente ao chamado (como visto, por exemplo, em Mc 1,16-20). Em Paulo, normalmente é possível ler a dinâmica chamado/resposta no esquema de suas Cartas, onde à proclamação da salvação oferecida em Cristo (a parte mais propriamente teológica) segue sempre a descrição, em forma exortativa, das consequências para a vida cristã e, portanto, o convite à resposta por parte do homem. A vida cristã emerge inteiramente dessa consciência: "Se a formação da vida divina depende em princípio unicamente da mão do Salvador, uma vez que essa ganhou consistência, protegê-la e manter-se vivos é efeito também de nosso empenho; aqui são necessários a parte do homem e nossa contribuição para não corromper a graça após tê-la recebido".[4] Ou seja, conforme von Balthasar: "Deus, quando fala, quer um parceiro. E o quer capaz de estar em pé diante de sua voz e de responder [...] em um autêntico diálogo".[5] Assim, "toda a existência do cristão é a tentativa de uma resposta de agradecimento 'na fé ao Filho de Deus, que me amou e deu-se por mim' (Gl 2,20)".[6] Chamado de Deus e resposta do homem: o discipulado cristão tem aqui seu início, em todos os tempos.

Seguir Jesus

Com base na narrativa dos Evangelhos fica, portanto, claro que aceitar o chamado significa, sobretudo, seguir

---

[4] Cabasilas, *Vita*, 257.

[5] H. U. von Balthasar, *Gli stati di vita del cristiano*, Jaca Book, Milano 1996, 344. Mais adiante: "A missão exige o sim do homem; um ato não menos importante do ato de Deus que chama o eleito" (348).

[6] H. U. von Balthasar, "Cordula. Ovverosia il caso serio", in id., *Gesù e il cristiano*, vol. XXV das *Opere*, Jaca Book, Milano 1998, 241.

Jesus, estar com ele fisicamente e percorrer a estrada que ele percorre. Isso é mostrado narrativamente nos sinóticos, onde se narra o percurso dos discípulos e é declarado explicitamente que o estar com Jesus é o primeiro requisito do grupo dos Doze, enquanto se torna mais um tema teológico em João, expresso mediante os termos *permanecer/ficar*, utilizados desde a primeira página em que o encontro é narrado.[7] Somente permanecendo com ele é possível "alcançar aquele conhecimento dele que não podia abrir-se à 'gente' que o olhava somente de fora [...]. Os Doze devem estar com ele para conhecerem Jesus em seu ser um com o Pai e poderem, assim, tornar-se testemunhas de seu mistério".[8]

Também esse traço é singular no panorama daquele tempo, em particular com relação ao discipulado rabínico: pede-se, de fato, aos discípulos mais que uma simples partilha de ideias ou o ensinamento (que também existia).[9] Além disso, nada faz pensar que seguir Jesus tivesse como finalidade tornar-se como o mestre ou como os mestres a sua volta: os discípulos, mesmo quando são enviados (como em Lc 10), preparam a estrada para ele. Também não se pode pensar num seguimento que tenha um ponto final, porque o ensinamento diz respeito não à Lei mas sim a ele mesmo.[10] Com extrema naturalidade, os Evangelhos descrevem as consequências do chamado como um deixar tudo e seguir Jesus. Mesmo essa sobriedade das narrativas destaca a excepcionalidade do encontro: nenhum Evangelho

---

[7] Ver Meier, *Un ebreo. III*, 73-76.

[8] J. Ratzinger - Bento XVI, *Gesù di Nazaret*, Rizzoli, Milano 2007, 206.

[9] Pesce, "Discepolato gesuano e discepolato rabbinico", 375-377.

[10] Ibid., 377-379.

oferece as motivações segundo as quais os primeiros o seguiram. Assim, no leitor surge de modo espontâneo a pergunta sobre a origem daquela decisão aparentemente desproporcionada (cf. Jo. 1,35-51). Por que, então, se segue aquele homem? O mistério da resposta está na pessoa de Jesus; o seguimento cristão é, assim, característico porque tem sua raiz na própria forma da vida terrena de Cristo, que se fez companheiro do homem e se colocou a caminho com ele.[11]

Serviço e amizade

Outro traço que evidencia a vital relação entre discípulo e Jesus se encontra no uso dos termos *servo/serviço*, encontrados muitas vezes nos Evangelhos e em Paulo. O serviço indica uma dedicação profunda e total e o reconhecimento da grandeza daquele que serve. A expressão está, de certo modo, marcada culturalmente e ligada a uma vida social diferente da nossa (onde era normal encontrar situações de servidão ou escravidão). Todavia, o testemunho do Novo Testamento não permite esquematizações simplistas: ao lado de páginas como Lc 17,7-10, em que Jesus parece fazer prevalecer uma concepção muito radical do serviço, encontramos em João a superação da lógica humana do próprio serviço. O quarto Evangelho, de fato, interpreta plasticamente a morte de Jesus como seu tornar-se servo dos discípulos na narrativa da última ceia, assinalando uma reviravolta total: aquele que é Senhor se torna o servo (Jo 13,1-20; ver também Mt 12,15-21). E talvez não seja um

---

[11] Cf. von Balthasar, "Cordula", 128-129.

acaso que no mesmo contexto da paixão João introduza a palavra *amizade* para indicar a relação que se instaura entre Jesus e discípulo. E é o próprio Senhor quem substitui os *servos* por *amigos* (cf. Jo 15,14-15), permitindo, assim, ler dentro dessa categoria, tão humana, a relação que se instaura com ele:

> O Senhor deseja fazer de cada um de nós um discípulo que vive uma amizade pessoal com Ele. Para realizar isso, não basta segui-lo e escutá-lo exteriormente; é preciso também viver com Ele e como Ele. Isso é possível tão somente no contexto de uma relação de grande familiaridade, permeada do calor de uma total confiança. É isso que acontece entre amigos.[12]

Um destino compartilhado

Do Evangelho emerge também um terceiro elemento que caracteriza a relação existente entre Jesus e o discípulo: seguir Jesus comporta compartilhar seu destino. As palavras do estudioso alemão M. Hengel sintetizam muito bem essa característica, à qual voltarei ainda no próximo capítulo:

> Também o problema do chamado de Jesus ao seguimento se apresenta agora de modo adequado. Deus mesmo no Antigo Testamento chamou os profetas convidando-os a deixar o trabalho e a família – "E Iahweh me tirou do lar e me disse: 'Vai e profetiza a meu povo Israel'" (Am 7,15) –; assim Jesus chama os indivíduos, convidando-os a abandonar toda ligação humana, para que

---

[12] Bento XVI, Audiência geral de 5 de julho de 2006.

o sigam. A construção das perícopes do seguimento segundo o modelo do chamado de Eliseu por parte de Elias ou do chamado profético em geral recebe, assim, sua efetiva justificação. Nessa perspectiva, seguimento significa, sobretudo, a ilimitada *comunhão de destino*, que não teme enfrentar nem renúncia nem sofrimento no seguimento do mestre, e é possível somente com base na plena confiança do seguidor: ele colocou nas mãos do mestre seu destino, seu futuro.[13]

E M. Hengel sempre destacou com ênfase, em seu breve e eficiente estudo citado, a única causa possível de um pedido tão radical: a consciência messiânica particular que tinha Jesus.

Parece-me que este seja um traço importante: é a pessoa de Jesus compreendida em sua identidade mais autêntica que pode justificar o tipo de chamado, de seguimento e de ligação a ele que os Evangelhos testemunham. Se consideramos o Evangelho de Marcos, a ligação entre identidade de Jesus e discipulado emerge com força da própria narrativa, na crucial passagem de Cesareia narrada em 8,27–9,1. No início, há o reconhecimento de Pedro, que compreende com pertinência a identidade do mestre como Messias (8,27-30); logo depois, Jesus antecipa pela primeira vez o próprio destino de paixão, morte e ressurreição, revelando um aspecto decisivo (e imprevisível) dessa identidade (8,31-33); finalmente, chama os discípulos a compartilharem o mesmo destino (8,34–9,1). Em resumo: somente reconhecendo a pretensão messiânica de Jesus, corretamente compreendida à luz da cruz – parece afirmar Marcos –, é possível viver

---

[13] Hengel, *Sequela e Carisma*, 126.

o discipulado até o próprio compartilhamento do destino do mestre. Mas também a experiência de Paulo em Damasco pode ser lida em termos de conhecimento da identidade do Ressuscitado, segundo as próprias palavras do apóstolo em Gl 1,15-16, onde ele fala de uma "revelação do Filho"; além disso, também as narrativas de Atos evidenciam que na origem da mudança de vida de Paulo estava um conhecimento novo da identidade de Jesus: "Quem és tu, Senhor?" (At 9,5; 22,8; 26,15).

Uma característica permanente do cristão

Para concluir este primeiro ponto, é bom destacar que a dependência de Jesus, a referência contínua e pessoal a ele são uma característica do discipulado de todos os tempos, não somente um elemento próprio dos primeiros seguidores. Sobre isso, o testemunho do Novo Testamento está de acordo: para Paulo, a dependência da pessoa de Jesus – que ele é chamado a viver, junto aos destinatários de suas Cartas – se exprime como fé, salvação, santificação, vida nova. Nos Evangelhos, são, por sua vez, narrados a contínua convivência e o compartilhamento de vida entre Jesus e os seus, que recobrem, como visto, todo o leque das narrativas.

O discípulo é, sobretudo, aquele que compartilha os passos de seu mestre, e também hoje ocorre a mesma dinâmica, sobretudo no sentido pessoal, para a vida de seguimento de todo cristão. Considero muito significativas, nesse sentido, algumas reflexões de G. Moioli. Para o discípulo – diz ele –, "o absoluto do homem é o Reino" de Deus, realizado em Jesus. Portanto, o centro da vida é esse Tu: "O centro não sou eu. Eu me realizo, eu sou, mas colocando-me em Ti. Essa é a obediência radical, a obediência da fé [...]. A figura característica do crente cristão [...] é especificada por sua referência a um personagem, reconhecido como a verdade, o absoluto, o único. E esse personagem, esse absoluto, é Jesus Cristo". E essa é uma possibilidade real para todos os tempos, na medida em que "a característica do cristão é exatamente aquela da contemporaneidade com Jesus, com esse acontecimento singular, único, que é o acontecimento de Jesus Cristo, que tem uma capacidade de reportar-se a todos os tempos".[14] Que a experiência pessoal do encontro com o Ressuscitado seja um elemento importante e permanente do discipulado foi confirmado com autoridade pelo papa Bento XVI, que caracterizou nesse sentido o início de sua primeira carta encíclica: "No início do ser cristão, não há uma decisão ética ou uma grande ideia, mas o encontro com um acontecimento, com uma Pessoa que dá à vida um novo horizonte e, dessa forma, o rumo decisivo".[15] Releiamos aqui, de outra forma, as palavras talvez mais fortes que o Novo Testamento pronuncia sobre esse tema na célebre passagem de Gl 2,19-20, onde Paulo exprime assim sua relação pessoal com seu Senhor: "Fui crucificado com Cristo, e não sou mais eu quem vive, mas é Cristo que vive em mim".

Em segundo lugar, a ligação com o único mestre é fundamental e constitutiva em todos os tempos também para a Igreja em seu conjunto. Uma reflexão iluminadora de H. De Lubac exprime bem, talvez de um modo um tanto quanto enfático, essa certeza:

---

[14] Moioli, *Il discepolo*, 11-27, *passim*.
[15] Bento XVI, *Deus caritas est* 1.

Não! Se Jesus Cristo não é sua riqueza, a Igreja é miserável, a Igreja é estéril se o Espírito de Jesus Cristo não a fecunda. Seu edifício rui se Jesus Cristo não lhe é o Arquiteto, e se seu Espírito não é o cimento que mantém unidas as pedras vivas com que é construído. É sem beleza, se não reflete a única beleza da Face de Jesus Cristo, e, se não é a Árvore cuja raiz é a Paixão de Jesus Cristo, a ciência de que se vangloria é falsa; é falsa a sabedoria que a adorna, se não transforma ambas em Jesus Cristo, e, se sua luz não é uma "luz iluminada" que venha toda ela de Jesus Cristo, está imersa nas trevas da morte. É mentirosa toda a sua doutrina, se ela não anuncia a verdade que é Jesus Cristo. É vã toda a sua glória, se ela não a faz consistir na humildade de Jesus Cristo. Seu próprio nome nos é indiferente, se não evoca logo o único Nome dado aos homens para sua salvação. Não representa nada para nós, se ela não é para nós o sacramento, o sinal eficaz de Jesus Cristo.[16]

---

[16] H. De Lubac, *Meditazione sulla Chiesa*, Jaca Book, Milano ⁴1993, 147-148.

II

AS CONDIÇÕES DO DISCIPULADO

Muitos textos do Novo Testamento analisados anteriormente se detêm em condições solicitadas para o seguimento de Jesus. O argumento é um dos mais estudados no nível histórico (e também sociológico, nos últimos anos), pois permite confrontar de modo direto as condições do discipulado exigidas por Jesus com fenômenos análogos do mundo antigo, e fornece as indicações para delimitar também sociologicamente o grupo dos seguidores de Jesus.

Sob esse aspecto, talvez seja útil uma breve observação. Com frequência, não é fácil distinguir o que o Senhor, em sua pregação, pede aos Doze ou aos discípulos e o que pede a todos. Por exemplo, o exigente pedido de renegar-se e assumir a cruz é expressa em Mc 8,34 e Lc 9,23-27 também diante da multidão (ou a todos), enquanto em Mt 16,24 é direcionada somente aos discípulos, para os quais pareceria ser mais adequada. Abre-se aqui o espaço para um questão muito debatida na espiritualidade e na teologia cristãs: a diferença entre *conselhos evangélicos* (não obrigatórios a todos os cristãos, portanto assumidos livremente apenas por alguns) e *preceitos* (que todo cristão deve seguir). Segundo muitos autores, de fato, pode-se ver, nos diferentes círculos de pessoas aos quais Jesus se dirige e nos diferentes pedidos por ele formulados, a origem dessa típica distinção, que marcou a história do discipulado cristão ao longo dos séculos. Neste capítulo, limito-me a descrever algumas das consequências da aceitação do chamado por parte de Jesus, conforme narradas, sobretudo, nos quatro Evangelhos, deixando a discussão para os especialistas.[1] Pode-se, todavia, afirmar sinteticamente – como fez o Concílio Vaticano II – que "todos os fiéis cristãos, de qualquer estado ou ordem, são chamados à plenitude da vida cristã e à perfeição da caridade".[2]

A conversão

Uma primeira condição para seguir Jesus é o pedido de conversão.[3] Com razão, a conversão ocupa o primeiro lugar, porque comumente é a primeira palavra da pregação de Jesus, como acontece no caso de Marcos (Mc 1,14-15); "Convertei-vos" – pede o Senhor –, e pede isso a todos, porque o tom dos versículos é genérico e global, e não há ainda um grupo de seguidores. Mas, mais uma vez, a narrativa evangélica ilustra esse pedido não tanto com palavras, mas mais com o exemplo dos discípulos, que logo em seguida – chamados por Jesus – deixam seu trabalho e sua vida comum para segui-lo. O Evangelho não afirma expressamente, mas é significativo que o primeiro episódio

---

[1] Provocações muito interessantes em V. Fusco, *Povertà e sequela. La pericope sinottica della chiamata del ricco (Mc 10,17-31 parr.)*, Paideia, Brescia 1991; ver também Schweizer, *Il discorso della montagna*, 125-126 e von Balthasar, *Gli stati di vita*.

[2] *Lumen Gentium* 40; ver também 39-41.

[3] Cf. Dunn, *Gli albori del cristianesimo*. I/2, 538-540.

narrado por Marcos após o pedido inicial de Jesus seja de fato a resposta dos quatro pescadores, nos quais se torna possível ver o primeiro exemplo de conversão. Nesse caso, conversão significa, sobretudo, seguir alguém, seguir Jesus. Que a conversão tenha, sobretudo, um conteúdo não moral, mas cristológico permite prever, como visto, também Paulo, para o qual o chamado à vida nova, a abandonar o pecado, a viver segundo o Espírito, deriva, sobretudo, do reconhecimento do dom de graça recebido em Jesus.

A fé

Ainda em Mc 1,14-15 encontramos a segunda condição apresentada a quem quer seguir o Senhor: a fé no Evangelho, na mensagem boa que é Jesus.[4] A fé, mas em geral, é com certeza um pedido que o Senhor faz aos seus. Podemos lembrar das considerações desenvolvidas na leitura do Evangelho segundo João, que liga de modo constante a situação dos discípulos ao pedido de fé, o discipulado ao crer. Mas é interessante também a perspectiva sinótica, na qual o fato de a fé ser solicitada aos discípulos é mostrado de modo negativo com o exemplo daqueles homens que seguem Jesus, mas são logo acusados de ainda não ter ou de ter pouca fé. Nos Evangelhos, o tema da fé "em Jesus" se liga necessariamente ao da fé "em Deus" pregada pelo próprio Jesus. Antes, a fé em Deus é elemento decisivo

---

[4] Ibid., 540-542; quanto à fé nos Evangelhos, ela é normalmente não a fé (propriamente cristã) no Jesus morto e ressuscitado, mas antes "sobretudo o confiar-se ao poder de cura de Deus ou a confiança no poder de Deus de realizar as orações ou, em geral, a confiança na benevolência e na providência de Deus (Mt 6,30/Lc 12,28)" (ibid., 541).

do discipulado que acolhe o ensinamento do Senhor: ele pregou certamente Deus como Pai, o que une fé e confiança.⁵ Não é novidade com relação ao judaísmo, mas o pedido de voltar-se a Deus como filhos permanece um traço distintivo de Jesus, que se exprime no pedido de uma confiança "infantil": "Tornar-se discípulos é, portanto, tornar-se crianças, voltar a uma posição de dependência".⁶ Que a fé caracterize a vida nova do discípulo é, pois, um dado central nas Cartas de Paulo, que mais que qualquer outro autor do Novo Testamento destacou a importância do ato de fé na vida do discípulo, inclusive para evidenciar a nova economia salvífica, livre da Lei: "Consideramos, de fato, que o homem é justificado pela fé, independentemente das obras da Lei" (Rm 3,28).

Também hoje o ato de fé, em todas as suas dimensões – como reconhecimento e relação com o Ressuscitado, como aprovação à revelação de amor de Deus, como escuta e anúncio –, é naturalmente uma condição imprescindível do discipulado. Com duas características que não podem ser esquecidas:⁷ em primeiro lugar, a fé é também conhecimento, porque o discípulo é aquele que "conhece" Jesus. A fé é também um saber, e conhecer Jesus implica também conhecer quem é Deus, quem é o homem, qual é o sentido da vida e do mundo. Em segundo lugar, a fé implica um dinamismo comunitário; por isso se deve falar de fé eclesial: "A fé busca seu lugar, gravita rumo a seu centro: e o lugar da fé é a comunidade da fé, a comunidade dos crentes".⁸

---

⁵ Ibid., 586-593.
⁶ Ibid., 589.
⁷ Moioli, *Il discepolo*, 31-40.
⁸ Ibid., 40.

Um apelo urgente e radical

Voltando aos Evangelhos, outro elemento do chamado de Jesus é que ele, em sua urgência, não admite exceções ou diminuições. Também esse traço é evidente no Evangelho e implica, por exemplo, o deixar a própria casa, as próprias certezas e um rompimento claro com o próprio passado. Entre os tantos episódios que poderiam ser citados nos Evangelhos, encontramos seja ensinamentos de Jesus (por exemplo, Mc 8,34–9,1 e paralelos), seja encontros significativos. Na passagem narrada em Mt 8,18-22 e paralelos, à pessoa que quer seguir Jesus mas deseja primeiro sepultar o pai, Jesus não deixa alternativa: o seguimento significa romper com o passado e é solicitada uma "liberdade radical de toda ligação".[9] Muitos estudiosos destacam a novidade, com relação ao contexto judeu, do pedido de separação da família de pertença, habitual lugar de proteção e de vida religiosa.[10]

Essa urgência se especifica, em não poucos textos evangélicos, como disponibilidade a segui-lo em todas as situações, mesmo com risco da própria vida. Esse elemento, que desde o início caracterizou o movimento de Jesus, naturalmente se torna ainda mais urgente no momento em que ficou claro que o próprio mestre estava disposto a colocar em perigo a própria vida. Também esse traço foi desde o início distintivo do grupo dos seguidores de Jesus,

---

[9] Hengel, *Sequela e Carisma*, 64.
[10] Cf. Meier, *Un ebreo. III*, 73-76. Mais prudente parece ser J. Dunn: "Por mais que a imagem da comunidade dos discípulos como nova família tenha uma grande força, ela não deveria ser exagerada a ponto de ser posta em excessivo contraste com as responsabilidades para com a família de origem" (Dunn, *Gli albori del cristianesimo. I/2*, 635).

segundo os historiadores, e poderia ser desmembrado em três elementos correlatos: a disponibilidade de perder a própria vida; renegar-se assumindo a própria cruz; enfrentar a hostilidade da própria família.[11] Se lançamos o olhar para além dos Evangelhos, a disponibilidade em colocar em risco a própria vida não desaparece totalmente. Antes, torna-se mais que uma simples hipótese, como mostram as narrativas dos Atos e o epistolário paulino. Já se notou a estreita ligação narrativa entre a morte de Jesus e a morte de Estêvão nos Atos (cf. At 6,8–8,1): o discípulo é aquele que realmente doa a vida como o mestre e – evidencia Lucas – isso acontece de modo idêntico. Mas os Atos narram também reiteradamente as perseguições a que foram submetidos outros apóstolos, como Pedro, João e o próprio Paulo, além da morte de outros deles (como Tiago, irmão de João, em At 12,2). No epistolário paulino, enfim, são talvez certas páginas autobiográficas que exprimem melhor toda a relevância do antigo pedido de Jesus de perder a própria vida; o "evangelho" de Paulo em 2Cor 11,23-29 exprime muito bem quão significativo era para Paulo dar a vida:

> São servos de Cristo? Delirando, digo: Eu ainda mais. Muito mais do que eles, pelos trabalhos, pelas prisões, por excessivos açoites; muitas vezes em perigo de morte; cinco vezes, recebi dos judeus quarenta chicotadas menos uma; três vezes, fui batido com varas; uma vez, apedrejado; três vezes naufraguei; passei uma noite e um dia em alto-mar; fiz inúmeras viagens, com perigos de rios, perigos de ladrões, perigos da parte de meus compatriotas, perigos da parte dos pagãos, perigos na

---

[11] Meier, *Un ebreo. III*, 76-110.

cidade, perigos em regiões desertas, perigos no mar, perigos por parte de falsos irmãos; trabalhos e fadigas, inúmeras vigílias, fome e sede, frequentes jejuns, frio e nudez; e, sem falar de outras coisas, a minha preocupação de cada dia, a solicitude por todas as igrejas! Quem fraqueja, que eu também não fraqueje? Quem tropeça, que eu não me incendeie?

A liberdade das riquezas

Uma última condição pedida ao discípulo de Jesus, bem analisada pelo estudioso V. Fusco, é a disponibilidade de abandonar as próprias riquezas. Muitos textos que vão nessa direção se encontram nos sinóticos, a partir do clássico exemplo do homem rico que se dirige a Jesus e que depois se afasta triste (Mc 10,37-51 e paralelos). Também esse pedido deve ser compreendido dentro da mais vasta exigência do seguimento: "Pressupõe-se que no próprio fato de crer em Jesus, de converter-se e acolher o reino como realidade decisiva que agora irrompe, esteja implícita a exigência de escolhas radicais: renegar a si mesmo e assumir a própria cruz, perder a própria vida para poder encontrá-la ([Mc] 8,34–9,1; ver também 1,14s; 9,42-50; 10,13-16; 13,11-13)".[12] O defensor máximo da renúncia aos bens materiais é certamente Lucas, seja no Evangelho, seja nas inesquecíveis descrições da primeira comunidade cristã narradas nos Atos, onde nos resumos que descrevem a comunhão dos bens se alternam alguns vívidos exemplos que mostram as consequências de um comportamento desleal

---

[12] Fusco, *Povertà e sequela*, 85.

nesse campo (ver o episódio paradigmático de Ananias e Safira, narrado em At 5,1-11). Além disso, sequer em Paulo faltam elementos para destacar essa dimensão do discipulado cristão; ele se orgulha do próprio estilo de vida e considera um dever grave a coleta em favor da Igreja de Jerusalém (cf. Rm 15,25-28; 1Cor 16,1; 2Cor 8–9; Gl 2,10).

A conclusão, sobre o tema da riqueza e pobreza evangélica, deixo-a de bom grado às palavras de Von Balthasar, o qual recorda que o chamado a deixar tudo está ligado, de modo claro nos Evangelhos, à promessa do cêntuplo (recompensa que naturalmente não é da ordem do que se deixa, mas da ordem da fé), e afirma que "a pobreza evangélica é possível somente com base na fé evangélica [...]. Tudo depende da verdade do deixar tudo. Somente se isso acontece 'por causa de meu nome', 'pelo Evangelho', 'pelo reino de Deus', tem-se o direito à conquista da promessa".[13]

---

[13] Von Balthasar, *Gli stati di vita*, 131-132.

III

A VIDA NOVA DO DISCÍPULO

Sob esse título, quero abordar algumas características e consequências da aceitação do chamado por parte do discípulo, que o Novo Testamento indica com a expressão "vida nova". Certamente, é Paulo o autor que mais tratou o tema da vida nova introduzida por Cristo e dada a qualquer um que o siga. Ele não hesita em falar de "morte" para indicar o que o crente em Cristo deve suportar para entrar na condição de vida que lhe é aberta pelo Senhor (cf. Rm 6,4). Trata-se aqui da "nova criatura" que nasce do batismo e da fé, como Paulo com frequência evidenciou no epistolário. Todavia, já nos Evangelhos é possível relacionar elementos importantes que, com as condições já consideradas no capítulo precedente, ilustram o estilo de vida implicado no seguimento de Jesus e na adesão a ele.[1]

---

[1] "'Assim, se alguém está em Cristo, é uma nova criatura. As coisas velhas passaram, eis que se tornaram novas' (2Cor 5,17). 'Fé' não indica, por isso, nada de psicológico, nem uma forma de consciência, mas sim um real estar em relação e em conexão. Crer, ser renovados e 'marcados' com o batismo indica um acontecimento mediante o qual o homem entra com o Redentor na reciprocidade do pneumático 'existir em'; figura, obra, paixão, morte e ressurreição do Redentor se tornam para ele forma e conteúdo de uma nova existência" (R. Guardini, *L'essenza del cristianesimo*, Morcelliana, Brescia 1993). Também a célebre passagem da *Carta a Diogneto* ("Os cristãos não se

Uma proposta para todos

Poder-se-ia notar, para começar, que o discipulado não está reservado a nenhuma categoria particular de pessoa: os seguidores de Jesus são de todos os tipos, e a vida nova é oferecida a todos! Há nos Evangelhos uma evidente predileção pelos pecadores ou marginalizados, mas não se pode deixar de notar a disparidade extrema das pessoas que seguem Jesus. Mesmo Lucas, que condena asperamente o apego à riqueza, faz de um homem rico, Zaqueu, a última pessoa – se se exclui o ladrão na cruz – convertida por Jesus (19,1-10). A existência dos discípulos ou simpatizantes públicos, pecadores, membros do sinédrio e mulheres, dos quais os Evangelhos falam, diz muito sobre a efetiva variedade e abertura do grupo dos seguidores de Jesus. Nos Atos, a situação não muda: entre os destinatários da missão dos apóstolos, há pessoas de todas as classes, e as comunidades cristãs das origens tiveram com certeza uma variegada composição social. Também no epistolário paulino, enfim, é possível perceber os traços de uma multiforme comunidade cristã: ele se dirige aos patrões e aos escravos (cf. Cl 3,22–4,1 e toda a Carta a Filêmon) e condena os ricos por seu comportamento para com os pobres durante os banquetes eucarísticos, sinal de que ambas as categorias os frequentavam (1Cor 11,17-34; ver também 1Tm 6,17-18).

---

distinguem dos demais, nem pela região [em que moram], nem pela língua, nem pelos costumes...": 5,1-17) –, na qual são descritas, em termos não exteriores mas sim profundos e substanciais, as diferenças da vida dos cristãos com relação aos outros homens – pode ser considerada um verdadeiro e próprio manifesto da vida nova dada por Cristo a seus discípulos.

Nesse sentido, poder-se-ia falar, no que se refere às primeiras comunidades cristãs, de confraternidades abertas, lugares nem sectários nem elitistas.[2] Em particular, são a atenção e a abertura aos pobres e aos pecadores (não necessariamente pobres, como visto) que emergem como novidades, no ambiente judaico. Essa ausência de barreiras é para os historiadores um traço peculiar da concepção do discipulado de Jesus, expressa e vivida ao mesmo tempo: "Um círculo de discípulos que reconhecia em Jesus o próprio centro não poderia ser considerado, por sua natureza, senão *extrovertido*, e não *introvertido*: seu olhar estava dirigido para os *de fora*, e não estava voltado para os *de dentro*".[3]

Um caso particular: as mulheres discípulas

Sinal evidente da ausência de limites na proposta do discipulado é a presença de mulheres entre os destinatários do chamado.[4]

A existência de mulheres no seguimento de Jesus não causa espanto no leitor do Evangelho, dado que os evangelistas não fazem nada para esconder ou negar isso. Elas aparecem de modo evidente nas narrativas da paixão e ressurreição: ainda que com certa alternância de nomes (não me detenho aqui nas diferenças), todos os evangelistas recordam que algumas mulheres assistiram à sepultura de Jesus e foram as primeiras testemunhas do túmulo vazio.

---

[2] Essa característica "resume em si grande parte daquilo que era tanto característico quanto distintivo da concepção social de si promovida por Jesus nos discípulos" (Dunn, *Gli albori del cristianesimo*. I/2, 636).

[3] Ibid., 644; ver também ibid., 555-573.

[4] Grasso, "Le varie forme di discepolato", 111-114.

Não se deve, pois, esquecer-se das mulheres nomeadas explicitamente durante o restante da narrativa evangélica, como Maria e Marta (em Lc 10,38-42 e Jo 11,1-44; 12,1-8), Maria de Mágdala[5] (além de nos relatos da ressurreição, em Lc 8,2) e as outras ali citadas pelo terceiro Evangelho (Joana, Susana e "muitas outras"), de quem se descreve ou afirma a proximidade espiritual e material a Jesus. Em particular, podemos destacar duas atitudes próprias do discipulado que são descritas nessas figuras femininas: a escuta do mestre (por exemplo, Maria em Lc 10) e o serviço (destacado em Lc 8,2; Mc 15,40-41 e Mt 27,55-56; também a sogra de Simão).[6]

Todavia, os Evangelhos jamais utilizam os termos mais comuns (discípulos, apóstolos e obviamente Doze) para indicar os seguidores de Jesus no feminino. A ausência do termo específico *mathétria* (o feminino de *mathetés*) nos Evangelhos (ele aparece, no Novo Testamento, somente em At 9,36 para descrever Tabita, seguidora de Jesus habitante de Jope, ressuscitada por Pedro), parece querer indicar a estabilidade de uma tradição que reservava essa expressão somente aos homens seguidores de Jesus.[7] Nenhum problema, portanto, para descrever um seguimento feminino, mas mais atenção para distingui-lo, pelo menos no nível linguístico, do masculino, bem mais normal na época. É claro que a existência de mulheres no seguimento de Jesus, conforme testemunhado no Evangelho, é um fenômeno novo

---

[5] Sobre Maria de Mágdala, ver M. L. Rigato, *Discepole di Gesù*, Dehoniane, Bologna 2011, 97-114.

[6] Ibid., 33-44.

[7] As opiniões dos estudiosos são diversas: para uma síntese ampla, ver Meier, *Un ebreo. III*, 110-123.

com relação ao mundo judaico do qual Jesus provinha, tanto que nem em hebraico nem em aramaico existe um vocábulo feminino para a expressão *discípulo*.[8]

Além dos Evangelhos, outros textos do Novo Testamento narram sobre mulheres protagonistas da primeira vida cristã. Sequer nesse caso são fornecidas muitas indicações, mas é significativo que – nos Atos assim como no epistolário paulino – se encontre um discreto número de discípulas crentes em Cristo. Pode-se lembrar pelo menos de Priscila, mulher de Áquila, citada algumas vezes em Atos (capítulo 8) e no epistolário paulino (Rm 16,3; 1Cor 16,19; 2Tm 4,19). Mulher casada, foi seguramente, junto com o marido, importante colaboradora de Paulo na difusão do cristianismo com a própria ação. Algumas outras mulheres são mencionadas por Paulo nas saudações ou entre os destinatários de suas cartas. Evidentemente, para o Apóstolo dos Gentios valia para a primeira pessoa o que ele próprio ensinou: para os batizados, revestidos de Cristo, "não há homem nem mulher, porque todos vós sois um em Cristo Jesus" (Gl 3,28).

Súditos do Reino

Voltemos ao tema da vida nova do discípulo: de modo positivo, como se pode descrever? Utilizando a linguagem dos Evangelhos, talvez devêssemos iniciar falando do discipulado de Jesus como daquele que se submete ao reino de Deus (ou dos céus); podemos dizer um *súdito*.[9] Ainda que a palavra esteja um pouco em desuso,

---

[8] Ibid., 120-121. Segundo Rigato, pode-se falar de um "Jesus inovador" (*Discepole di Gesù*, 13).

[9] Dunn, *Gli albori del cristianesimo. I/2*, 582-585.

permite não esquecer esse tema basilar da pregação de Jesus, com base, sobretudo, no testemunho sinótico,[10] ou seja, a proximidade e a vinda do reino de Deus (ou reino dos céus, segundo o uso predominante de Mateus). Nos Evangelhos, Jesus veio inaugurar o senhorio de Deus no mundo: o discípulo é, então, aquele que entra e vive nesse reino. Tanto a pregação inicial de Jesus em Marcos ("Convertei-vos... porque o reino de Deus está próximo", Mc 1,15), quanto o ensinamento inicial de Mateus (no discurso da montanha, o vocábulo *reino* aparece pelo menos oito vezes, e é o tema da primeira bem-aventurança e da última admoestação) manifestam a importância do tema da pregação de Jesus e sua implicação para o discipulado. Mesmo as bem-aventuranças de Mateus, que se iniciam com os pobres de espírito "porque deles é o reino dos céus" (Mt 5,3), mostram a estreita ligação entre esse ensinamento e o discipulado. O discípulo é aquele que reconhece a vinda do reino e reconhece Deus como seu senhor; por consequência, aceita a lógica do reino que Jesus manifestou em sua pregação e em sua vida. Também a Igreja continua a utilizar a imagem do reino de Deus para indicar a própria missão, como o Concílio Vaticano II afirmou com clareza: "A Igreja, enriquecida com os dons de seu fundador e guardando fielmente seus preceitos de caridade, de humildade e de abnegação, recebe a missão de anunciar e instaurar o Reino de Cristo e de Deus em todos os povos e constitui o germe e o princípio deste mesmo Reino na terra" (*Lumen Gentium* 5).

---

[10] No Evangelho segundo João e no epistolário paulino, o tema é muito menos frequente.

Fraternidade e comunhão

Outra característica decisiva da vida dada aos discípulos diz respeito à ligação que se instaura entre eles, caracterizada – segundo o Novo Testamento – por uma fraternidade exigente e concretamente vivida: a vida nova do discípulo é expressa no Novo Testamento com uma linguagem com frequência marcada pelo léxico familiar. Todos os três sinóticos fazem memória de uma afirmação de Jesus, que declara como parentes e discípulos aqueles que fazem a vontade de Deus: "Dirigindo-se para aqueles que estavam sentados em torno dele, disse: 'Eis minha mãe e meus irmãos! Porque quem faz a vontade de Deus, esse é meu irmão, minha irmã e minha mãe'" (Mc 3,34-35).[11] Também no ensinamento em que Jesus promete o cêntuplo (presente em todos os sinóticos e reservado aos discípulos/Doze) afirma-se uma modalidade mais rica de viver as relações familiares: quem deixa pai, mãe, irmão ou irmã recebe – mesmo desses familiares, exceto do pai – cem vezes mais (cf. Mc 10-28-31 e paralelos). E mesmo a utilização da linguagem filial (ser filhos, tornar-se filhos, a ideia de Deus como Pai), presente de modo tão difundido no Novo Testamento, contribui para reforçar o testemunho dessa fraternidade que se instaura entre todos os crentes em Jesus, como bem mostra o dito de Jesus relatado em Mt 23,8-9, onde se entrelaçam dois termos: "Quanto a

---

[11] Em Marcos, Jesus está se referindo *não* aos discípulos, mas a todos aqueles que estavam sentados em torno dele, ou seja, presumivelmente, com base em Mc 3,32, uma *multidão* de pessoas; também em Lc 8,19-21 Jesus deixa aberta a identificação dos verdadeiros parentes em todos aqueles que "escutam a palavra de Deus e a colocam em prática"; Mt 12,46-49, pelo contrário, identifica explicitamente os destinatários da afirmação de Jesus com os *discípulos*.

vós, não vos façais chamar de 'rabi', pois um só é vosso Mestre e todos vós sois irmãos. Não chameis a ninguém na terra de 'pai', pois um só é vosso Pai, aquele que está nos céus". Conforme notado na segunda parte do livro, o uso do vocábulo *irmãos* para indicar os cristãos é frequente e constante no epistolário paulino, sinal pelo menos implícito de um costume de considerar as relações recíprocas à luz de uma estreita comunhão.

O termo *comunhão* pode resumir de modo mais específico essa fraternidade vivida dentro da comunidade cristã. Ainda que ele, em sua forma grega *koinōnía*, esteja ausente dos Evangelhos, a comunhão é, como visto, uma característica basilar da concepção do discipulado em Mateus e naturalmente submete-se também à concepção joanina do permanecer (*ménō*) em Jesus e da ligação com ele e entre todos os discípulos mediante o Espírito Santo, além de ser o tema inicial da Primeira Carta de João. Lucas, pois, em At 2,42, utiliza expressamente o termo *koinōnía* ao descrever, pela primeira vez, a comunidade cristã de Jerusalém. Mas é em Paulo que a expressão é utilizada mais vezes, compreendida seja nas comparações de Cristo (basta pensar nas palavras sobre a eucaristia em 1Cor 10,16: a *comunhão* com o corpo e o sangue), seja entre cristãos (cf. Rm 15,26; 2Cor 9,13; 13,13; Gl 2,9; Fl 2,1).

A linguagem familiar contribui para fazer do empenho que o discípulo assume respondendo ao chamado de Deus algo de permanente, que marca indelevelmente a vida. Mesmo toda a simbologia batismal presente no Novo Testamento (o "novo nascimento") destaca a profundidade da transformação que Cristo produz na pessoa que responde a seu chamado. Talvez hoje tenhamos perdido um pouco a consciência dessa novidade que envolve a pessoa em seu ser mais profundo e consideremos também o discipulado como um compromisso entre tantos, de dedicação esporádica ou parcial: para Paulo, isso não seria possível! Em uma sociedade *líquida*[12] como a nossa, essa dimensão do discipulado apresenta a todo cristão interessantes pontos de reflexão.

O amor

Creio que seja também oportuno retomar aqui o que já foi dito, anteriormente, sobre o amor, tão frequentemente apresentado pelo Novo Testamento como fundamento da vida cristã. Entre os Evangelhos, é, sobretudo, João que utiliza explicitamente e de modo amplo essa terminologia, que depois retorna com grande profundidade no epistolário paulino. Não se erraria muito ao definir o amor (seja em relação a Deus, seja em relação ao próximo) como a motivação profunda do tornar-se e do ser discípulo.[13] Em primeiro lugar, nisso Jesus se liga explicitamente à sólida tradição de Israel, que fazia do amor a Deus o mais importante dos mandamentos e que já conhecia também o preceito de amar o próximo como a si mesmo (cf. Mc 12,28-34 e paralelos). A esse amor, em si exigente, Jesus une não somente o amor recíproco entre discípulos, mas também o amor ao inimigo e a completa disponibilidade ao perdão. São elementos de novidade que, não por acaso,

---

[12] Referência à definição de *modernidade líquida* do sociólogo polonês Zygmunt Bauman, segundo a qual as relações humanas se tornaram voláteis, perderam consistência e estabilidade [N.T.].

[13] Assim faz Dunn, *Gli albori del cristianesimo. I/2*, 621-626.

permanecem entre os mais característicos ensinamentos de Jesus, e que ele viveu e testemunhou em primeira pessoa. Em sua formulação típica, presente em Mateus, que o insere em um contexto mais amplo de ensinamento aos discípulos (5,44-47 para o amor aos inimigos e 18,21-22 para o perdão recíproco), eles podem ser vistos como o ideal de vida proposto pelo Senhor aos seus, a ser buscado desde já mas também no futuro da Igreja (conforme se viu, o capítulo 18 de Mateus é comumente considerado um capítulo rico em indicações para a nascente comunidade cristã). Do complexo do testemunho evangélico fica claro que Jesus tem em mente para os seus um estilo de vida baseado no amor recíproco e para com todos, uma comunidade ligada por sincero "amor fraterno", mas não fechada em si mesma. E a reflexão presente na literatura joanina e na paulina mostra o quanto esse ensinamento penetrou profundamente na mentalidade dos primeiros cristãos. Para Paulo, o amor é o primeiro dos frutos do Espírito (cf. Gl 5,22); para João Deus mesmo é amor (cf. 1Jo 4,8).

O Espírito Santo

Se para Paulo o amor é o primeiro dos frutos do Espírito, depois do amor é inevitável ter de dedicar algumas linhas à existência cristã como existência no Espírito. Já vimos em João, nos Atos, em Paulo: o cristão é aquele que é intimamente guiado e sustentado pelo Espírito de Jesus. A docilidade ao Espírito é a pedra de toque para a maturidade da fé e da vida cristã, e lhe permanece uma dimensão permanente:

A maturidade cristã [...] não é somente um problema de formação da própria consciência [...]. A consciência, enquanto parte de nossa natureza humana, é, sim, o fundamento de nossa ação moral natural, mas enquanto somos cristãos nossa consciência deve ter continuamente uma espiral aberta para o Espírito Santo de Cristo, que age em nós e sobre nós de modo livre e independente. O Espírito não pode ser transmitido em garrafas e princípios que possam ser conservados para sempre: somente o frescor de uma vivência de escuta contínua é capaz de percebê-lo, inclusive de compreendê-lo. Isso supõe uma extrema docilidade.[14]

Poucas passagens como Rm 8 esboçaram a grandeza da vida no Espírito. Liberdade, salvação, vida, uma vida vivida no amor, mas, sobretudo, o dom de ser filhos de Deus: tudo isso, para Paulo, é viver segundo o "Espírito de Deus que habita em vós" (Rm 8,9; cf. 2Tm 1,14). Exatamente essas palavras do Apóstolo estão na base das sugestivas fórmulas utilizadas comumente pela teologia oriental para descrever a vida nova do cristão, derivada da participação na vida sacramental da Igreja no Espírito, palavras com as quais eu gostaria de concluir este capítulo. O discípulo de Jesus, segundo essa linguagem, é um homem "divinizado", chamado a partilhar a própria vida de Deus, doada em Cristo: "Os homens se tornam deuses e filhos de Deus, nossa natureza é honrada com a honra devida a Deus, o pó é alçado a tal grau de glória que se torna igual em honra e divindade à natureza divina: privilégio inigualável,

---

[14] Von Balthasar, "Cordula", 150.

novidade inaudita".[15] Formulação um tanto quanto atrevida; todavia, se repensamos as categorias já consideradas (a vida fraterna, a comunhão, o amor, a vida no Espírito), pode-se reconhecer sua profunda pertinência.

---

[15] Cabasilas, *Vita*, 77-78. Assim se exprime N. Valentini, "Introduzione. Pavel A. Florenskij interprete dell'ortodossia", in P. Florenskij, *Bellezza e Liturgia. Scritti su cristianesimo e cultura*, Mondadori, Milano 2010, XIII: "Dificilmente se poderá prescindir deste dado: a teologia, por experiência de fé ortodoxa, não é tanto um discurso sobre Deus, mas em primeiro lugar a atuação da presença divina no homem, a deificação (*theosis*) da criatura, um caminho ascético de perfeição rumo à divino-humanidade (*bogočelovečestvo*)".

IV

A MISSÃO DO DISCÍPULO

Acredito que não se possa concluir esta terceira e última parte sem recordar a missão explicitamente confiada por Jesus a seus discípulos, missão atribuída com base em instruções bem precisas proferidas por Jesus, descrita em seu desenvolver-se concreto pelos Atos e refletida também em grande parte pelo epistolário.

A missão dos Doze

Do ponto de vista histórico, a atenção se concentra, normalmente, nas características da missão particular reservada aos Doze com base na narrativa evangélica, nos momentos cruciais da eleição do grupo e ainda mais na descrição da atividade missionária na Galileia.[1] Provavelmente, o dado mais importante é que os Evangelhos apresentam a missão dos Doze (ampliada aos setenta e dois, segundo Lucas) em estreita analogia com a de Jesus e em sintonia profunda com sua pregação.[2] Conforme afirmado, no caso de Marcos o

---

[1] Meier, *Un ebreo. III*, 176-197 e Hengel, *Sequela e Carisma*, 129-140.

[2] "Por força de sua existência, mas claramente graças também à missão que cumprem no terreno ao qual Jesus os envia, os Doze têm algo a fazer com o reino escatológico de Deus do qual Jesus declara a proximidade e, inclusive, a vinda efetiva" (Schlosser, *Il gruppo dei Dodici*, 75-76).

mandato dos discípulos nasce do estar com ele; isso é significativo, porque "o estar com Ele e o ser enviados parecem, à primeira vista, excluir-se reciprocamente, mas evidentemente estão juntos [...]. O estar com Jesus leva, por natureza, em si a dinâmica da missão, porque todo o ser de Jesus é, de fato, missão".[3] Aos Doze é, portanto, confiado o encargo de ensinar, de curar, de operar prodígios. Nos Evangelhos, não se narra praticamente nada dessas ações (somente poucas cenas em Mc 6,12-13; Lc 9,6; 10,17-20). Em um texto que tem como protagonista Jesus, isso é compreensível; será, pois, o livro dos Atos que narrará delongadamente a ação dos Doze, atento também, como já visto, a evidenciar o paralelismo que se instaura entra a atividade dos apóstolos e a precedente atividade de Jesus. No epistolário, enfim, não se encontram seções em que Paulo ou os demais autores fazem referência direta à própria atividade de anúncio, de pregação ou de ensinamento. Não é, portanto, por acaso que o Concílio Vaticano II tenha desejado expressamente destacar a importância da missão dos Doze na Constituição dogmática sobre a Igreja, em um belo texto de síntese.[4]

---

[3] Ratzinger - Bento XVI, *Gesù di Nazaret*, 207.

[4] "O Senhor Jesus, depois de ter orado ao Pai, chamando a Si os que Ele quis, elegeu doze para estarem com Ele e para os enviar a pregar o Reino de Deus (cf. Mc 3,13-19; Mt 10,1-42); e a estes Apóstolos (cf. Lc 6,13) constituiu-os em colégio ou grupo estável e deu-lhes como chefe a Pedro, escolhido de entre eles (cf. Jo 21,15-17). Enviou-os primeiro aos filhos de Israel e, depois, a todos os povos (cf. Rm 1,16), para que, participando do Seu poder, fizessem de todas as gentes discípulos seus e as santificassem e governassem (cf. Mt 28,16-20; Mc 16,15; Lc 24,45-48; Jo 20,21-23) e deste modo propagassem e apascentarem a Igreja, servindo-a, sob a direção do Senhor, todos os dias até o fim dos tempos (cf. Mt 28,20). No dia de Pentecostes foram plenamente confirmados nesta missão (cf. At 2,1-26) segundo a promessa do Senhor: 'Recebereis a força do Espírito Santo que descerá sobre vós e sereis minhas testemunhas em Jerusalém e em toda a Judeia e Samaria e até os confins da

Um aprofundamento: o papel de Pedro

Uma missão de todo particular parece ser confiada pelo Novo Testamento ao apóstolo Pedro. No mundo católico, pelo menos, é muito normal considerar Pedro como o primeiro dos apóstolos e assumir que o Novo Testamento indique com clareza a atribuição desse papel por parte de Jesus mesmo e institua os fundamentos do primado petrino. Todavia, a maior parte da pesquisa nesse âmbito formativo contesta essas conclusões; não por acaso, o debate recente sobre a figura de Pedro e sobre o significado e o valor de seu primado é um tanto quanto sinuoso.[5] Sem poder dar conta da ampla questão, talvez seja bom apontar alguns elementos sobre o que o Novo Testamento – em particular os Evangelhos e os Atos – afirma sobre o primeiro dos apóstolos.

Nas narrativas evangélicas, a figura de Simão/Pedro é evidenciada de diversas maneiras. Em primeiro lugar, ele é o primeiro dos discípulos de Jesus a ser chamado a seguir

---

terra' (At 1,8). E os Apóstolos, pregando por toda a parte o Evangelho (cf. Mc 16,20), recebido pelos ouvintes graças à ação do Espírito Santo, reúnem a Igreja universal que o Senhor fundou sobre os Apóstolos e levantou sobre o bem-aventurado Pedro seu chefe, sendo Jesus Cristo a suma pedra angular (cf. Ap 21,14; Mt 16,18; Ef 2,20)" (*Lumen Gentium* 19).

[5] No século XX, algumas obras marcaram em âmbito científico o debate sobre o apóstolo e sobre o primado, a partir do escrito fundamental do teólogo reformado O. Cullmann (publicado em alemão em 1952). Em seguida: a obra ecumênica de R. E. Brown - K. P. Donfried - J. Reumann (ed.), *Pietro nel Nuovo Testamento*, Borla, Roma 1988. Os principais títulos disponíveis em italiano e português são: R. Pesch, *I fondamenti biblici del Primato*, Queriniana, Brescia 2002; J. Gnilka, *Pedro e Roma. A figura de Pedro nos primeiros dois séculos*, Paulinas, São Paulo 2006; M. Mazzeo, *Pietro. Roccia della Chiesa*, Paoline, Milano 2004; S. Cipriani, *La figura di Pietro nel Nuovo Testamento*, Áncora, Milano 2006; R. Palazzo, *La figura di Pietro*. Outros importantes estudos não disponíveis em italiano e em português são de R. Pesch (1980), M. Hengel (2006), M. N. A Bockmuehl (2010).

o mestre, exceto em João (onde faz parte do grupo dos chamados da primeira hora: cf. Jo 1,40-42). Onde os Evangelhos trazem as listas dos doze discípulos, Pedro é sempre o primeiro do elenco. Com frequência, em todos os quatro Evangelhos, Pedro toma a palavra com autoridade, mesmo quando Jesus se dirige a todo o grupo dos discípulos (por exemplo, no episódio da confissão). Junto com Tiago e João (e André), participa de alguns episódios dos quais os outros do grupo dos Doze e dos discípulos estão excluídos (como a transfiguração). É lembrado de maneira particular (embora de modo negativo) durante a narrativa da paixão, com sua renegação narrada por todos os Evangelhos. É, finalmente, lembrado de maneira explícita, exceto em Mateus, nas narrativas de ressurreição. Já a partir desse simples sumário se intui como nenhum outro discípulo tenha uma visibilidade comparável à de Pedro nas narrativas evangélicas.[6]

Mas a importância assumida pelo pescador da Galileia emerge de modo particular mediante algumas breves narrativas de que ele é protagonista, nas quais Jesus lhe atribui uma função própria, de guia ou de supervisor dentro do grupo dos discípulos. Trata-se dos chamados episódios do primado, presentes em Mateus, Lucas e João, já mencionados na primeira parte e que retomo brevemente aqui em uma visão sintética.

A primeira característica dessas passagens é que elas são diferentes uma das outras, ainda que veiculem a mesma mensagem. Cada um dos Evangelhos, de fato, traz apenas uma dessas passagens (portanto, ausente nos demais) e a

---

[6] Esse papel permanece na narrativa dos Atos; a Pedro, além disso, são atribuídas duas cartas do cânone neotestamentário.

coloca em contextos muito diferentes: Mateus durante o ministério de Jesus, Lucas durante a paixão, João após a ressurreição. Lembro, sobretudo, da mais célebre, Mt 16,13-20, a confissão do apóstolo seguida das palavras de bem-aventurança de Jesus. A Igreja (católica) sempre viu nessas palavras a mais clara afirmação do papel de Pedro e de seus sucessores. Para além de todas as possíveis objeções e reservas críticas, o texto do Evangelho de Mateus, na forma em que o lemos hoje, é claro em confiar um papel e uma missão única a Pedro dentro do grupo dos Doze.[7]

Em Lucas, encontramos palavras reservadas a Pedro e ressonantes de uma mensagem semelhante durante a narrativa da paixão, precisamente durante a última ceia, segundo uma tradição desconhecida pelos demais Evangelhos (Lc 21,31-32). À parte a diversidade das expressões usadas, também em Lucas a mensagem dirigida a Pedro mira o futuro (da Igreja, ainda que aqui falte a palavra) e configura um papel de proeminência dentro do grupo dos Doze, confiando ao pescador da Galileia a tarefa de "confirmar os irmãos". Lucas, além disso, narrará de modo

---

[7] Isso é mais facilmente reconhecido por todos os estudiosos; de fato, a objeção mais difundida entre os estudiosos reformados não é tanto sobre o valor dessas palavras para o Pedro histórico, mas que elas possam valer para seus "sucessores", e que, portanto, fundariam o primado petrino do papa segundo a concepção católica; sobre a questão, ver a discussão em U. Luz, *Vangelo di Matteo. II. Commento ai capp. 8-17*, Paideia, Brescia 2010, 581-600. Sobre essas objeções, rebate Mazzeo: "Em Mt 16,15-19, é apresentada a função decisiva e irrepetível de Pedro na Igreja. A própria imagem de fundamento implica irrepetibilidade e permanência. Jesus fala aqui de uma função eclesial. Não de um ministério da Igreja nem da organização da comunidade. Jesus confere aqui a Pedro um função doutrinal, que o constitui o fundamento ('rocha') e guia ('chave') da comunidade rumo ao reino" (*Pietro*, 114).

explícito a missão seguinte de Pedro, evidenciando esse seu papel na narrativa dos Atos.[8]

Passando para o quarto Evangelho, aqui o episódio que diz respeito ao papel (futuro) de Pedro é colocado no último capítulo, o vinte e um. Na longa narrativa da segunda aparição de Jesus ressuscitado a alguns discípulos junto ao lago da Galileia, está contido o célebre diálogo entre Jesus e Pedro (Jo 21,15-23), no qual o Senhor indaga por três vezes sobre o amor do discípulo, e toda vez ele confirma um papel de guia sobre a grei da Igreja com palavras muito semelhantes ("Apascenta meus cordeiros": v. 15; "Pastoreia minhas ovelhas": v. 16; "Apascenta minhas ovelhas": v. 17). Também nesse caso, como nos precedentes, intuem-se nas palavras de Jesus a entrega de um papel de guia voltado ao futuro e, plausivelmente, a instituição de uma função primaz com relação aos demais discípulos.

Pode-se, portanto, concluir reconhecendo nos Evangelhos a presença de claras afirmações que permitem distinguir, no grupo dos Doze (e, portanto, no grupo mais amplo dos discípulos), uma figura central e colocada à parte, cuja tradição do Novo Testamento, referindo-se de modos diferentes às palavras de Jesus, e, portanto, no tempo da missão histórica do Senhor, atribui uma função de guia com relação aos demais membros do grupo, que não se exaure no tempo precedente à ressurreição, mas é explicitamente voltada para o futuro, àquilo que poderíamos chamar o "tempo da Igreja".[9] Vão nessa direção as claras considerações de M. Mazzeo:

---

[8] Cf. Cipriani, *La figura di Pietro*, 71-104.

[9] Notou-se como o Evangelho segundo Marcos não apresenta um episódio comparável – quanto à atribuição de um papel particular a Pedro – àqueles

Pedro foi constituído fundamento rochoso da Igreja, porta-voz e primeiro dos apóstolos. Não reconhecer isso seria um prejuízo anti-histórico. A proeminência de Pedro está clara nos Evangelhos; palavras como: "Tu serás pescador de homens" (Lc 5,10), "Tu és Pedro, e sobre esta Pedra edificarei minha Igreja" (Mt 16,18), "Apascenta minhas ovelhas" (Jo 21,17), "Confirma teus irmãos" (Lc 22,32), não podem ser negadas nem distorcidas por motivos preconceituosos, mas exigem da parte de todos os crentes um caminho humilde e consciente de conversão rumo à palavra de Deus.[10]

Os destinatários da missão dos discípulos

Parece-me interessante também a questão, com certeza complexa, dos destinatários da primeira missão dos discípulos: apenas Israel, como algumas passagens dos Evangelhos pareceriam afirmar sem equívoco (e como, além disso, o agir predominante de Jesus – sempre ou quase sempre na terra de Israel – dá a entender), ou todas as gentes, como outras passagens destacam e como posteriormente será descrito em Atos e justificado teologicamente em Paulo? O quadro é variegado, e talvez não seja possível uma única resposta. De fato, a pregação dos seguidores de Jesus se volta logo para os de fora de Israel, e isso não é considerado

---

aqui brevemente apresentados pelos demais Evangelhos. Recorde-se, todavia, que toda a tradição cristã antiga liga exatamente o segundo Evangelho à figura de Pedro, do qual Marcos teria sido o intérprete/tradutor e que, portanto, remeteria, sobretudo, à pregação petrina ocorrida em Roma. Para o papel de Pedro em Marcos, permito-me remeter a Mascilongo, "Il ruolo narrativo di Pietro nel vangelo secondo Marco".

[10] Mazzeo, *Pietro*, 136.

uma contradição com os ensinamentos do mestre. Talvez o Evangelho segundo Mateus seja o mais atento a considerar juntas – não sem paradoxo – as duas perspectivas.[11] Nele, encontramos tanto o: "Não deveis ir aos territórios dos pagãos, nem entrar nas cidades dos samaritanos! Ide, antes, às ovelhas perdidas da casa de Israel!" (10,5-6), quanto o conclusivo: "Ide, pois, fazer discípulos entre todas as nações, e batizai-os em nome do Pai, do Filho e do Espírito Santo. Ensinai-lhes a observar tudo o que vos tenho ordenado" (28,19-20). E dois elementos estão aparentemente em contraste: a quem se deve dirigir o discípulo? Jesus pretendia realmente chegar a todos os povos, ou tinha em mente somente uma missão específica, restrita a Israel?

Narrativamente falando, o próprio Evangelho de Mateus resolve a tensão entre os dois aspectos deixando à missão universal a última palavra: na trama do Evangelho é o mandato universal confiado pelo Senhor ressuscitado aos discípulos que evidencia que a fé em Jesus não diz respeito somente a Israel, mas é "decisiva para o futuro de todo homem".[12] O leitor atento se dá conta, porém, do traço universal do primeiro Evangelho desde os primeiros capítulos, a partir da narrativa dos magos em 2,1-12. Mas o mesmo motivo volta também, de modo mais surpreendente, na genealogia de Jesus com que se inicia o Evangelho (1,1-17). É verdade que Mateus remete Jesus a Abraão (e não a Adão, como em Lucas) e isso parece o sinal do particularismo judaico, porque Abraão é o pai do povo

---

[11] Luz, *Storia di Gesù*, 24-31.

[12] Aletti, *Gesù Cristo*, 139. É dessa opinião também Grasso, *Ricominciare dalla fraternità*, 151-152.

eleito. Todavia, o chamado de Abraão é desde o início orientado a uma bênção para todos os povos, e Mateus nos sugere como agora, em Cristo, essa bênção universal se realizou: "Farei de ti uma grande nação e te abençoarei: engrandecerei teu nome, de modo que ele se torne uma bênção. Abençoarei os que te abençoarem e amaldiçoarei os que te amaldiçoarem. Em ti serão abençoadas todas as famílias da terra" (Gn 12,2-3).

Essa constatação permite uma interessante observação para a missão cristã em todos os tempos, na convicção de que o plano salvífico de Deus, desvelado e realizado por Jesus, abarca realmente todos os povos. O dado de Mateus (mas a reflexão sobre esses temas não está ausente do epistolário paulino), de fato, pode ser lido assim: a destinação à salvação é universal, mas se realiza concretamente através da eleição de alguns homens da casa de Israel. É através da escolha de alguns que Deus deseja chegar a todos; a própria existência dos Doze, além das afirmações de Mt 10,5-6, favorece essa leitura: o grupo tem suas raízes nos acontecimentos de Israel, mas é projetado por Jesus para uma dimensão universal.[13] A relação singular entre escolha de um povo e destinação universal remete, por analogia, a uma dinâmica própria do discipulado cristão de todos os tempos: através da escolha de alguns, Deus pretende chegar a todos: "Deus não chama e escolhe todos os homens de maneira igual, mas faz chegar seu chamado com intensidades e urgências diferentes. Na medida em que todo chamado é um chamado pessoal, este separa sempre a pessoa chamada e a tira de um ambiente que

---

[13] Meier, *Un ebreo. III*, 169-176, e Schlosser, *Il gruppo dei Dodici*, 69-76.

não é atingido por esse chamado".[14] O discípulo, atingido pelo chamado do Senhor, torna-se testemunha dele dentro de seu ambiente de vida.

Uma missão que continua

Que os seguidores de Jesus tenham se sentido investidos da missão de anunciar o Evangelho de seu mestre é o axioma na base de toda a experiência de Paulo e dos demais apóstolos narrada em Atos e nas Cartas do Novo Testamento. São particularmente as Cartas que testemunham o êxito da missão confiada aos discípulos e por eles acolhida e realizada. Paulo e os demais autores do Novo Testamento endereçam seus escritos a comunidades no máximo nascidas de sua pregação pessoal e, portanto, fruto do primeiro anúncio missionário. Nas Cartas, essa consciência e essa verdadeira urgência do anúncio emergem em continuidade; basta recordar os traços da autoconsciência de Paulo encontrados anteriormente. Ele se apresenta como um anunciador do Evangelho, a cuja pregação e difusão dedicou concretamente toda a vida: "Ai de mim – diz – se não anuncio o Evangelho!" (1Cor 9,16). Esse traço é tão decisivo no Novo Testamento que dificilmente se pode valorizá-lo suficientemente no debate sobre o discipulado; é impensável um discípulo de Jesus que não seja missionário, que não acolha e não partilhe a missão de seu mestre, descrita pelo Novo Testamento.

Também nesse caso a consciência dessa missão tem acompanhado a Igreja em seu caminho ao longo dos séculos,

---

[14] Von Balthasar, *Gli stati di vita*, 359.

e tem sido reafirmada também nas recentes intervenções do magistério, a partir do Concílio Vaticano II.[15] Como os Doze, como os tantos seguidores de Jesus, como Paulo, Estêvão e Barnabé, todo discípulo do Senhor é convidado a ser testemunha e anunciador do Evangelho. Essa missão não pode ser esquecida ou atenuada, conforme uma bela página de H. de Lubac – com a qual concluo – afirma com ênfase:

> A Igreja tem como única missão tornar presente Jesus Cristo em meio aos homens. Ela deve anunciá-lo, mostrá-lo, dá-lo a todos. O restante, repitamos ainda, não passa de um acréscimo. Sabemos que ela não pode faltar a essa missão. Ela é e será sempre, com toda a verdade, a Igreja do Cristo: "Estarei convosco até o fim do mundo". Mas o que ela é em si mesma é preciso que seja também em seus membros. O que ela é por nós deve sê-lo também através de nós. É necessário que através de nós Jesus Cristo continue a ser anunciado, que através de nós continue a transparecer. Tudo isso é algo mais que uma obrigação: é, pode-se dizer, uma necessidade orgânica.[16]

---

[15] Cf. *Gaudium et spes*, em particular 40-41; muito belas são também as palavras de Paulo VI na Exortação apostólica no final do Sínodo dos bispos de 1974: "Foi com alegria e reconforto que nós ouvimos, no final da grande assembleia de outubro de 1974, estas luminosas palavras: 'Nós queremos confirmar, uma vez mais ainda, que a tarefa de evangelizar todos os homens constitui a missão essencial da Igreja'; tarefa e missão que as amplas e profundas mudanças da sociedade atual tornam ainda mais urgentes. Evangelizar constitui, de fato, a graça e a vocação própria da Igreja, a sua mais profunda identidade" (Paulo VI, *Evangelii nuntiandi* 14; o tema é tratado a fundo em 13-16).

[16] De Lubac, *Meditazione sulla Chiesa*, 148.

CONCLUSÃO

Como conclusão de todo o trabalho, sem percorrer novamente o caminho feito até aqui, talvez seja possível propor algumas considerações retrospectivas. No limitado espaço de algumas dezenas de páginas, busquei condensar a descrição do discipulado de Jesus como emerge em todo o leque do Novo Testamento. Operação complexa, mas fascinante, que permitiu adentrar em uma das temáticas, com certeza, mais decisivas da vida cristã, inclusive hoje.

Por definição, de fato, todo cristão é um discípulo de Jesus. Mas o que significa sê-lo se aprende confrontando-se sempre e de novo com a primeira e mais autorizada norma de nossa fé: o texto do Novo Testamento.[1] Com certeza, o cristão é, sobretudo, chamado a *viver* seu ser discípulo, não tanto a *conhecê-lo* ou *estudá-lo*, e é através da experiência própria de cada um que se aprendem cada vez mais seu valor e significado. Mas é inegável que a volta às fontes e a frequentação direta do texto bíblico permanecem um elemento imprescindível da experiência e da compreensão da vida cristã, portanto também do discipulado. Como podemos nos considerar discípulos do Senhor sem ter a

---

[1] "Discernindo o Cânon das Escrituras, a Igreja discernia e definia sua própria identidade, de maneira que as Escrituras são doravante um espelho no qual a Igreja pode constantemente redescobrir sua identidade e verificar, século após século, a maneira com a qual ela responde sem cessar ao Evangelho e se dispõe ela mesma a ser o meio de transmissão dele (cf. *Dei Verbum*, 7)" (Pontifícia Comissão Bíblica, *A interpretação da Bíblia na Igreja*).

humildade de repercorrer o caminho de Pedro, Tiago, Paulo e de todos os demais discípulos dos quais as páginas do Novo Testamento estão permeadas? Sem olhar, sobretudo, para eles, para suas vidas, para suas experiências, para suas reflexões, todos apresentados pela Igreja como fundamento de sua própria existência?

São, então, os Evangelhos e os Atos, as Cartas e o Apocalipse o lugar privilegiado onde encontrar a experiência viva e vital dos primeiros seguidores de Jesus. Aquelas páginas, lidas na esteira e segundo o espírito da Igreja, restituem com toda a força a autenticidade do ser discípulo. É nelas que o cristão encontra o critério de verdade do próprio ser e do próprio agir como seguidor de Jesus. Por esse motivo, dediquei a maior parte do livro à leitura e à análise do Novo Testamento e somente no final, e mais brevemente, esbocei uma reflexão mais sistemática e sempre ancorada nos textos. Além disso, a riqueza de instituições sobre o discipulado presentes no Novo Testamento é tal que a simples exposição um pouco ordenada dos conteúdos dos vários livros parece-me realmente suficiente para ilustrar de modo adequado o tema.

Desejo que o empreendimento tenha tido, pelo menos em parte, sucesso. Se o leitor dedicar um pouco de seu tempo para folhar algumas páginas de sua cópia do Novo Testamento, se captar alguma característica a mais da descrição bíblica do discipulado, se se interrogar com sinceridade sobre seu ser discípulo, considero que o objetivo foi alcançado.

Como acontece no Novo Testamento, não se trata, sobretudo, de explicar algo, mas de convidar a viver uma experiência. As narrativas evangélicas e as Cartas não são descrições neutras de fatos de crônica, mas anúncio vital que interpela sempre quem escuta ou que lê. São vozes vivas e viventes que continuam a ressoar, direcionadas aos discípulos do Senhor de todos os tempos. Conforme está claro no Evangelho de Marcos (segundo seu "final breve"), o anúncio evangélico não é um discurso fechado em si mesmo, mas é confiado à voz dos discípulos, constituídos como testemunhas: "Ide, dizei a seus discípulos e a Pedro: 'Ele vos precede na Galileia. Lá o vereis, conforme ele disse'" (16,7). E assim o discipulado cristão – segundo o Novo Testamento – não nasce de um livro ou de uma doutrina, mas da voz viva das mulheres e dos homens marcados por esse encontro (e não importa se, como no sepulcro, eles estão "repletos de medo e de estupor"), testemunhas e garantidores no tempo da riqueza encontrada e entregue ao cuidado, pesado mas fascinante, de anunciar o que foi experimentado.

REFERÊNCIAS BIBLIOGRÁFICAS

Aletti, J.-N., *L'arte di raccontare Gesù Cristo. La scrittura narrativa del vangelo di Luca*, Queriniana, Brescia 1991.

_____, *Gesù Cristo: unità del Nuovo Testamento?*, Borla, Roma 1995.

_____, *Il racconto come teologia. Studio narrativo del terzo Vangelo e del libro degli Atti degli Apostoli*, Dehoniane, Bologna 20092.

_____, *Lettera ai Colossesi*, Dehoniane, Bologna 2011.

_____, *La Lettera ai Romani. Chiavi di lettura*, Borla, Roma 2011.

_____, *Il Gesù di Luca*, Dehoniane, Bologna 2012.

Balthasar, H. U. von, *Gli stati di vita del cristiano*, Jaca Book, Milano 1996.

_____, "Cordula. Ovverosia il caso serio", in Id., *Gesù e il cristiano*, vol. XXV delle *Opere*, Jaca Book, Milano 1998, 175-249.

Barbaglio, G., *La Prima Lettera ai Corinzi*, Dehoniane, Bologna 1995.

Bauckham, R. J., *Gesù e i testimoni oculari*, GBU, Chieti - Roma 2010.

Berger, K., *I cristiani delle origini*, Queriniana, Brescia 2009.

Bianchini, F., *Lettera ai Filippesi*, San Paolo, Cinisello Balsamo 2010.

Bovon, F., *Vangelo di Luca. I. Introduzione. Commento a Lc 1,1-9,50*, Paideia, Brescia 2005.

Brown, R. E., *Giovanni*, Cittadella, Assisi 1979.

Brown, R. E. - Donfried, K. P. - Fitzmyer, J. A. - Reumann, J. (ed.), *Maria nel Nuovo Testamento*, Cittadella, Assisi 1985.

Cabasilas, N., *La vita in Cristo*, Città Nuova, Roma 1994.

Cipriani, S., *La figura di Pietro nel Nuovo Testamento*, Ancora, Milano 2006.

Crimella, M., "Dal maestro alle comunità. Le comunità di Marco, Luca e Giovanni", *Parola Spirito e Vita* 61, 2010, 149-159.

De Lubac, H., *Meditazione sulla Chiesa*, Jaca Book, Milano 1993[4].

Doglio, C., *Apocalisse. Introduzione, traduzione e commento*, San Paolo, Cinisello Balsamo 2012.

Dunn, J. D. G., *Gli albori del cristianesimo. I. La memoria di Gesù. 2. La missione di Gesù*, Paideia, Brescia 2006.

_____, *Dal Vangelo ai Vangeli*, San Paolo, Cinisello Balsamo 2012.

Fossati, M., *Lettere di Giovanni. Lettera di Giuda. Introduzione, traduzione e commento*, San Paolo, Cinisello Balsamo 2012.

Fusco, V., *Povertà e sequela. La pericope sinottica della chiamata del ricco (Mc 10,17-31 parr.)*, Paideia, Brescia 1991.

Grasso, S., *Ricominciare dalla fraternità*, Dehoniane, Bologna 1995.

_____, *Le lettere di Pietro. Le prime "encicliche" della Chiesa*, San Paolo, Cinisello Balsamo 2000.

_____, "Le varie forme di discepolato accanto a Gesù e nelle comunità delle origini", *Parola Spirito e Vita* 61, 2010, 93-114.

Hengel, M., *Sequela e Carisma. Studio esegetico e di storia delle religioni su Mt 8,21 s. e la chiamata di Gesù alla sequela*, Paideia, Brescia 1990.

Iersel, B. M. F. van, *Marco. La lettura e la risposta. Un commento*, Queriniana, Brescia 2000.

Kingsbury, J. D., *Matteo. Un racconto*, Queriniana, Brescia 1998.

Luz, U., *La storia di Gesù in Matteo*, Paideia, Brescia 2002.

_____, *Vangelo di Matteo. I. Introduzione. Commento ai cap. 1-7*, Paideia, Brescia 2006.

Maggioni, B. - Manzi, F. (ed.), *Lettere di Paolo*, Cittadella, Assisi 2005.

Manzi, F., *Paolo Apostolo del risorto. Sfidando le crisi a Corinto*, San Paolo, Cinisello Balsamo 2008.

Mascilongo, P., *"Ma voi, chi dite che io sia?". Analisi narrativa dell'identità di Gesù e del cammino dei discepoli nel Vangelo secondo Marco, alla luce della "Confessione di Pietro" (Mc 8,27-30)*, Gregorian & Biblical Press, Roma 2011.

_____, "Il ruolo narrativo di Pietro nel vangelo secondo Marco, alla luce di Mc 8,27-33", in F. Bianchini - S. Romanello (ed.), *Non mi vergogno del Vangelo, potenza di Dio*, Gregorian & Biblical Press, Roma 2012, 351-369.

Mazzeo, M., *Pietro. Roccia della Chiesa*, Paoline, Milano 2004.

Meier, J. P., *Un ebreo marginale. Ripensare il Gesù storico. III. Compagni e antagonisti*, Queriniana, Brescia 2003.

Moioli, G., *Il discepolo*, Glossa, Milano 2000.

Nicolaci, M., *Lettera di Giacomo. Introduzione, traduzione e commento*, San Paolo, Cinisello Balsamo 2012.

Palazzo, R., *La figura di Pietro nella narrazione degli Atti degli Apostoli*, Dehoniane, Bologna 2011.

Paximadi, G., "Lettera ai Galati", in B. Maggioni - F. Manzi (ed.), *Lettere di Paolo*, Cittadella, Assisi 2005, 639-743.

Penna, R., *Le prime comunità cristiane. Persone, tempi, luoghi, credenze*, Carocci, Roma 2011.

Penna, R. - Hawthorne, G. F., - Martin, R. P. - Reid, D. G. (ed.), *Dizionario di Paolo e delle sue lettere*, San Paolo, Cinisello Balsamo 1999.

Perego, G., *Vangelo secondo Marco. Introduzione, traduzione e commento*, San Paolo, Cinisello Balsamo 2011.

Pesce, M., "Discepolato gesuano e discepolato rabbinico. Problemi e prospettive della comparazione", *Aufstieg und Niedergang der römischen Welt*, vol. II 25/1, 1982, 351-389.

Pesch, R., *Il vangelo di Marco. I*, Paideia, Brescia 1980.

Pikaza, X., *Il vangelo di Marco*, Borla, Roma 1996.

Pitta, A., *Lettera ai Filippesi. Nuova versione, introduzione e commento*, Paoline, Milano 2010.

Ratzinger, J. - Benedetto XVI, *Gesù di Nazaret*, Rizzoli, Milano 2007.

_____, *Gesù di Nazaret. Dall'ingresso in Gerusalemme fino alla risurrezione*, Libreria Editrice Vaticana, Città del Vaticano 2011.

_____, *L'infanzia di Gesù*, Rizzoli - Libreria Editrice Vaticana, Milano - Roma 2012.

Rhoads, D. M. - Dewey, J. - Michie, D., *Il racconto di Marco. Introduzione narratologica a un vangelo*, Paideia, Brescia 2011.

Rigato, M. L., *Discepole di Gesù*, Dehoniane, Bologna 2011.

Rossé, G., *Lettera ai Colossesi. Lettera agli Efesini*, Città Nuova, Roma 2001.

Schlier, H., *La lettera ai Galati*, Paideia, Brescia 1965.

_____, *La fine del tempo*, Paideia, Brescia 1974.

_____, *Riflessioni sul Nuovo Testamento*, Paideia, Brescia 1976^2.

_____, *La lettera ai Filippesi*, Jaca Book, Milano 1993.

Schlosser, J., *Il gruppo dei Dodici*, San Paolo, Cinisello Balsamo 2013.

Schnackenburg, R., *Le parole di commiato di Gesù (Gv. 13-17)*, Paideia, Brescia 1994.

Schweizer, E., *Matteo e la sua comunità*, Paideia, Brescia 1987.

_____, *Il discorso della montagna (Matteo cap. 5-7)*, Claudiana, Torino 1991.

Segalla, G., *La ricerca del Gesù storico*, Queriniana, Brescia 2010.

Vanhoye, A., *L'Epistola agli Ebrei. "Un sacerdote diverso"*, Dehoniane, Bologna 2010.

Vanni, U., *Apocalisse. Libro della Rivelazione*, Dehoniane, Bologna 2009.

Vignolo, R., *Personaggi del Quarto Vangelo. Figure della fede in San Giovanni*, Glossa, Milano 22003.

Wilkins, M. J., *Following the Master. Discipleship in the steps of Jesus*, Zondervan Publishing House, Grand Rapids 1992.

Zevini, G., "Il discepolo e il discepolato dietro a Cristo nel Vangelo di Giovanni", *Parola Spirito e Vita* 61, 2010, 115-135.

ÍNDICE REMISSIVO

A

Agostinho de Hipona 87
Aletti J.-N. 45, 68, 82, 88, 89, 94, 95, 96, 97, 127, 129, 139, 143, 149, 169, 210

B

Balthasar H. U. von 175, 177, 184, 190, 201, 212
Barbaglio G. 131, 133
Bartolomé J. J. 30
Bauckham R. J. 25, 62
Bento XVI 116, 176, 178, 181, 204
Berger K. 24
Beutler J. 161
Bianchini F. 52, 141
Bockmuehl M. N. A 205
Bonifacio G. 31
Bovon F. 76, 84, 86
Broccardo C. 78, 98, 151
Brown R. E. 66, 86, 112, 113, 115, 116, 117, 205

C

Cabasilas N. 136, 175, 202
Cairoli M. 60
Cilia L. 18
Cipriani S. 205, 208

Crimella M. 104
Cullmann O. 205
Culpepper R. A. 102
Cuvillier É. 30

D

De Lubac H. 181, 182, 213
Dewey J. 30, 44
Doglio C. 164
Donfried K. P. 66, 86, 112, 205
Dunn J. D. G. 14, 21, 23, 24, 25, 174, 184, 187, 193, 195, 199

F

Fabris R. 156
Fitzmyer J. A. 66, 75, 86, 112
Florenskij P. A. 202
Fossati M. 160
Fowl S. E. 130
Fung R. Y. K. 138
Fusco V. 60, 184, 189

G

Girolami M. 149
Gnilka J. 205
Grasso S. 14, 70, 77, 157, 193, 210
Grilli M. 44
Guardini R. 191

H

Hawthorne G. F. 130
Hengel M. 16, 62, 108, 178, 179, 187, 203, 205

I

Iersel B. M. F. van 30, 33, 41, 51

K

Kingsbury J. D. 57, 59

L

Leonardi G. 19
Luz U. 55, 57, 58, 60, 207, 210

M

Maggioni B. 134, 148
Manes R. 149
Manicardi E. 46
Manini F. 148
Manzi F. 130, 134, 136, 148
Marcato M. 128
Marcheselli Casale C. 149
Martin A. 36, 130, 139
Martin R. P. 36, 130, 139
Mascilongo P. 43, 52, 209
Mazzeo M. 205, 207, 208, 209
Meier J. P. 14, 15, 18, 20, 24, 77, 176, 187, 188, 194, 203, 211
Mello A. 73
Michie D. 30, 44
Moioli G. 173, 180, 181, 186

N

Nicolaci M. 156

O

Orsatti M. 147

P

Palazzo R. 90, 95, 205
Paulo VI 213
Paximadi G. 134, 137
Pellegrino C. 150
Penna R. 14, 17, 23, 25, 29, 129, 130, 131, 138, 139, 147
Perego G. 30, 32, 35, 42, 47, 49, 51
Perini G. 41
Peron G. P. 31
Pesce M. 16, 24, 176
Pesch R. 33, 39, 205
Pikaza X. 30, 34, 52
Pitta A. 123, 136, 140, 142
Porter S. E. 147

R

Ratzinger J. 66, 116, 117, 176, 204
Reid D. G. 130
Rengstorf K. H. 15
Reumann J. 66, 86, 112, 205
Rhoads D. M. 30, 44
Rigato M. L. 194, 195
Romanello S. 52
Rossé G. 91, 139, 140

S

Salvatore E. 42

Sánchez Navarro L. 68

Schlier H. 125, 128, 135, 137, 138, 142, 143, 148, 162

Schlosser J. 18, 20, 203, 211

Schnackenburg R. 114, 116

Schweizer E. 58, 59, 65, 184

Segalla G. 24, 25, 66

Sessa S. M. 135

Stock K. 18

V

Valentini N. 202

Vanhoye A. 151

Vanni U. 164

Vignolo R. 102, 110, 111

Vironda M. 35

W

Wilkins M. J. 15, 123, 126

Z

Zevini G. 111, 115

Rua Dona Inácia Uchoa, 62
04110-020 – São Paulo – SP (Brasil)
Tel.: (11) 2125-3500
http://www.paulinas.com.br – editora@paulinas.com.br
Telemarketing e SAC: 0800-7010081